Labour CSR Guidebook

労働CSR
ガイドブック

働き方改革と企業価値の創造

全国社会保険労務士会連合会 監修
社会保険労務士総合研究機構 編

中央経済社

はじめに

　労働CSRという「法ではないが，法のような働きをするもの」が何であり，企業にとってどのような意味を持つものなのか，労務管理に責任を持つ方々の日々の活動にどのように取り込むべきかを示すのが本ガイドブックのねらいです。一言で言えば，本ガイドブックの読了後，それらの責任者が「労働CSRとは何ですか？」という問に答えられるようにすることです。

　本ガイドブックでは，4つの章立てがなされています。

　はじめに，第1章で労働CSRが持つ意味を探ります。法ではないものの，一部法であるかのように働く，という意味が何であって，それが参照する規範（言い方を変えればソフトロー）として国際的・国内的にどのようなものが存在するかを説明します。

　第2章では，その労働CSRの中心的な部分，すなわち「コンプライアンス・プラス」を詳述します。これはきわめて実践的な章であると同時に，前章で抽象的に説明した労働CSRが具体的に何であるかを提示する，いわば本ガイドブックの骨の部分です。労働CSRを取り込むことや，すでに取り込まれているものの改善を助言する際に参照すべき重要な原則

本ガイドブック構成

第1章	第2章	第3章	好事例集
労働CSRの考え方，労働CSRの参照基準，社労士と労働CSR	労働CSRの内容「コンプライアンス・プラス」の具体的実践方法	総合的なCSRとは何か，一般的なCSRの実践	労働CSRの実践と実際

を，表を使いながら説明しています。この労働CSRの中身を，第3章で述べるCSR一般の実践手順を用いて，企業に実践してもらうよう社労士として助言することになります。

　第3章は，労働CSRを含む総合的なCSRの実践方法を一般的な形で描きます。これは，前章でまとめられた労働CSR原則を適用（実践）していく上で，きわめて有益な指針を与えてくれます。総合的なCSRとは何か，企業がこれからCSRに取り組む上で，それについての考え方と手順がすぐ実践に移すことができる形で記述されています。労働CSRもCSRの1つですから，CSRの実践手順もCSR一般に関するものをそのまま利用することができます。

　CSRをいかに実践していくかについては多くの刊行物がありますが，本ガイドブックのこの章は，それをコンパクトに，かつ労働CSRを念頭に置きながら最も適切な形でまとめたものです。

　続く好事例集では，いくつかの好事例をあげていますが，これはもちろん網羅的でもありませんし，必ずしも模範的なものというわけでもなく，労働CSRの実践が実際にどのように現れているかを例示しています。

　なお，第2章の④［労働CSRの基盤としての「ビジネスと人権」］では，国際関係のみならず国内的にも焦点の課題となりつつある「ビジネスと人権」について，（後述のビジネスと人権国別行動計画NAPにもある）デューディリジェンス（DD）概念を含め，特に重要と思われる労働CSR原則を取り上げて，労働CSR普及活動の中で重みを増していくと思われる課題を概観します。それだけを見たらよいというわけではない

ことに注意しつつも，優先的に労務管理活動及びCSR推進活動の中に取り込んで行っていただきたいと思います。

2022年6月

著 者 一 同

INDEX

（注）本書中（※）の用語についての説明です。

第1章
労働CSRとは

1 法ではないが法のような機能を持つもの

　労働CSR，すなわち労働問題に特化したCSRという場合，そもそもCSRとは何かを特定しなければいけません。CSR，すなわち企業の社会的責任，という文字が示すとおり，モノやサービスを提供することを業とする法人が，社会全体に対して負う責任ということを言おうとしていますが，様々な理解の仕方がありえます。環境に優しいということを企業の行動方針として宣言するとか，地域開発や各種事業に寄付金を出すといったいわゆるメセナ活動のような奉仕活動，企業統治やコンプライアンスの一形態，など様々な理解がありえます。一般的に言えば「法の遵守を含むとともに，法の遵守を超えて社会に利益をもたらす活動を導くもの（コンプライアンス・プラス）」を指すと定義して間違いないでしょう。

　重要な点は，それ自体は法ではないが，法のような効果を持つ，すなわち規範的な内容を含み，企業の自発的実践という方法を用いて目的が実現されるもの，ということです。すなわち，法の遵守だけならば実定法 (※1) そのものを守るということですから，まさしく法のレベルでの議論であって，今まで企業が行ってきていた「企業統治」（corporate governance）を徹底することと何ら変わるところがありません。

　しかし，今日「法プラスアルファー」が問題となっているのです。法を超えるものを想定しているわけですから，まさしく法でないものが規定対象となることを意味します。そのような法を超えた領域において「権利」と「義務」の関係に近いものを想定するCSRは，いみじくもそ

2

の言葉の最後のR（＝Responsibility）「責任」に意味を持たせています。法的義務を伴わない責任とでも言ったらいいでしょうか。本来的には「責任」も1つの法的概念です。責任能力，刑事責任，無過失責任など法的帰結を持つ道具概念の1つであって，社会的責任もまさしく社会に対する（法的）義務という意味を内包しています。

　しかし，直接的に一定の結果義務を派生させるような意味での義務とは違う意味を持つものとして「責任」が使われているのです。ルソーの言う社会契約論を想起されるとわかりやすいかもしれませんが，社会と企業の間に一定の権利義務関係が想定され，個別具体的な権利義務ということではない状態を示すために「責任」という用語が用いられていると考えることができるでしょう。

　ただ，ここで忘れてはならないのが，CSRには実は「法」（実定法）も含まれるということです。プラスの部分だけがCSRではありません。厳密に言えば「CSRとは法令遵守と，プラスアルファー」です。プラスの部分だけをやればよいということでは決してありません。労働に特化

> **CSR（企業の社会的責任）**
> **＝**
> **コンプライアンス・プラス**
> 法の遵守を含むとともに，法の遵守を超えて
> 社会に利益をもたらす活動を導くもの
> **「法令遵守と，プラスアルファー」**

したCSR（労働CSR）について言えば、「企業が守るべき各種の労働法規（および他の人権規範）を確実に遵守すること」および「プラスアルファーとしての法の枠を超えるものを目指すこと」ということになります。

2 CSRの機能

　規範的な内容を含みながらも法ではなく、かつ企業の自発性に依存するところが大きい、という柔軟性を持つCSRは、それだから逆に法よりも有用性が高いことがあります。

　2015年に国連総会で採択されたSDGs（持続可能な開発目標）[※2]は、それ自体として法的拘束力がないものではありますが、それを実施に移す方法として、民間の力によるCSR活動に期待が寄せられています。法的にソフトな文書を実施に移す方法として、ソフトなCSRというものが役立つということです。そのSDGsの目標のうちの1つであるジェンダー[※3]問題への対応にしても、そのことが社会の活性化と経済福祉向上にとって重要であり、そこへの道のりとして、たとえばWEPs（国連女性のエンパワーメント原則）[※4]に参加する、あるいは政府や自治体が行う公共調達での評価基準に合致するよう努める、といった企業の自助努力の源となるのがCSRだということになります。

　企業の自発性にその基本があるCSRは、法的規制を嫌う企業にとって、取り込むことに抵抗が少なく、女性の活躍や働く人たちとその家族の健康を最大化するという目標（健康経営）到達にとって、絶好の道具を提供することになります。それは「攻めのCSR」として位置づけることができ、特に日本においては少子化による経済発展の衰退を防ぐために、

きわめて重要な機能を果たすことになるでしょう。

　グローバル化の負の側面として，競争で勝ち残るために労働基準その他の社会基準を低く抑えて労働コストを削減するための「底辺に向かった競争」（race to the bottom）が起きるという警鐘はよく耳にしますが，CSRはその逆で，企業が競って上位の目標を目指すことによって「天井への競争」を招来しようとするものだと考えることができます。

　規範性があるという意味では，CSRは場合によっては正規の司法過程

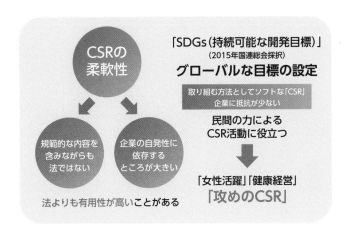

CSRの規範性

正規の司法過程での援用
判決の中で世界保健機関（WHO）の非拘束的ガイドライン援用［ドイツ判例］，企業行動要綱，企業行動憲章などに一定の拘束力が認められる［日本判例］

サプライチェーン・マネジメントとして利用
宣言された多くの基準（環境，衛生，労働など）が実質的規範として作用

で援用されることがありえます。古くはドイツの判例で，世界保健機関
（WHO）の非拘束的ガイドラインを援用して企業間の不公正競争を認め
たケースとか，日本の判例（オリンパス事件，フィリップ・モリス・
ジャパン事件）でも，企業行動要綱や企業行動憲章など，使用者が一方
的に作成する任意の文書にも一定の拘束力が認められることが判示され
ています。特にオリンパス事件の場合は，直接的には人事権の濫用とし
て原告の主張が認められているものの，濫用を判断する根拠としてオリ
ンパスグループ行動規範が判決の基礎になったことがうかがわれます。
これは，行動要綱というCSR宣言の「間接適用」がなされたとみること
もできますが，それがなかったら人事権の濫用を認定することができな
かったという意味では，判決理由の重要部分を構成しているのであり，
やはり規範として機能したとみることができるでしょう。

　次に大きい機能が，サプライチェーン（※5）マネジメントとして利用
される場合のCSRです。イケアに代表される多国籍企業で，CSRに先進
的な取組みをしているところでは，直接の会社本体だけでなく，CSRで
宣言した基準を取引相手（納入元）に適用させようとしています。イケ
アに納品したい製造業者にとっては，そこで宣言された多くの基準（環
境，衛生，労働など）が実質的規範として作用することになります。サ
プライチェーンにとっては，それに従わないと買ってもらえないという
わけですから，ほぼ規範として映ります。

3　労働CSR

　さて，以上のことから，CSRというものの持つ意味と機能について基
本的な理解がなされたと思いますが，次に必要となるのが，私たちに

とって必要な労働に関するCSRの特定です。

　従来のCSRは労働問題を対象とすることはほとんどありませんでした。それは当面，商品の価値および取引相手からの要求および取引相手への要求のいずれの関心事項でないからです。

　ある企業において不当労働行為が行われているか，差別的雇用が行われているかは，当面，消費者や取引相手にとっては直接的には関係のないことです。しかし，この10年間ほどで状況は一変し，CSRに労働基準が取り込まれることが急増しました。それには次の要因が重要でした。

　不買運動の組織化です。すなわち，労使関係において2次的ステークホルダーであったところの消費者・市民社会が前面に出てくることになったのです。市民社会は人権侵害に荷担したくないという気持ちから，企業活動の中での労働の側面にまで目を向けるようになります。児童労働を嫌う絨毯対象のラグマーク運動（※6）を出発点として，消費者運動はCSRに労働基準を取り入れる契機を作りました。最近の際だった例と

労働CSRの考え方の変化

従来	消費者・市民社会による 「不買運動の組織化」 「人権侵害に荷担したくない」 →企業活動の 「労働の側面」に目を向ける	近年
労働問題を ほとんど 対象としない		労働基準が 取り込まれる ことが急増

● CSRを論じる場合，労働基準を取り込んだ労働CSRを議論しないわけにはいかない。
● 労働CSRが取り込んでいる基準の多くが国際労働基準である。

しては，日本の国際人権NGOであるヒューマンライツ・ナウが，香港のNGOと一緒に，ユニクロが委託している中国の縫製工場に潜入調査をし，その結果を公表した事件が特筆に値します。これにより，中国の労働基準法にも違反する，低賃金と長時間労働や過酷な労働条件が問題とされ，ユニクロは，日本国内や世界的な市場でのイメージダウンをおそれ，その改善と，他のサプライチェーンでの労働条件の監視や指導を約束したとされます。

　いずれにせよ，今日CSRを論じる場合に，労働基準を取り込んだ労働CSRを議論しないわけにはいかなくなっています。多くの企業のCSR表明の中には，労働条件についての記述が必ずあるようになりました。さらには，労働CSRが取り込んでいる基準の多くが国際労働基準[※7]であり，また，その国際労働基準の多くを採択するILO[※8]自体がCSR基準ともいうべきものをすでに作っています。OECD[※9]や国連もCSRの「実定法化」，ソフトロー[※10]化を試みており，その中では労働に特化したものに大きな比重がかけられていることがうかがわれます。
　また，NGOが推進するCSRにおいては，人権一般と労働に特に大きな焦点が置かれています。それでは，具体的に労働CSRが参照する基準とはどのようなものをいうのでしょうか。

4　労働CSRの発現形態とそれらが参照する基準

　労働CSRが最も端的に表れているのが，企業が発するCSR推進表明の中にある労働問題関連事項です。たとえば三菱商事社会憲章には「私たちは，人権及び先住民の権利を尊重する責任を果たします。また，労働

における基本的権利を尊重し，適切な労働環境の重要性を認め，その確保に努めます」という宣言がありますが，これが労働CSRの発現形態です。

　トヨタ行動指針の第1章「私たちとトヨタ1−1　明るい職場づくり」や，NECの行動憲章にある「あらゆる企業活動の場面において人権を尊重し，差別的取扱い，児童労働，強制労働を認めません。従業員一人ひとりの個性を尊重します。また，能力を十分に発揮でき，活き活きと働ける環境を実現します」などという箇所もそうです。大手企業のほぼ全社が労働CSRを宣言しています。

　しかし，内容は企業によってまちまちであり，これぞ労働CSRというものを一義的に特定することができません。そこで，多くの国際組織が国際文書（international instruments）を採択し，そこに労働CSRの内容を提示し，利用を働きかけ，企業はそれを参照基準とする，ということが行われることになります。

国内法令，及び国際文書

A．国内基準

　労働CSRが「コンプライアンス・プラス」であることから，その核となるのは各種国内法令です。その意味で，日本でいえば労働基準法，労働組合法を中心とした労働法令，それに環境関連の諸法規，企業統治に関する会社法上の規定，そしてそもそも労働関連の憲法規定などは，労働CSRにとって中心的な参照基準となります。国内労働法が，労働CSR参照基準となることが，しばしば忘れられがちですが，これは労働CSR

の基本であるので，しっかりと認識しておく必要があります。

　とりわけ，社労士の任務は国内の労働・社会保障法の適正実施を確保することにあるのですから，社労士活動の日常の中に，すでに労働CSRは内包されていることを認識すべきです。わかりやすい例として，女性活躍推進法の2016年改正により，社会保険労務士法（以下「社労士法」）第2条別表第1に，同法を実施する任務が社労士に課せられたことが指摘されています。

　さらには，厚生労働省発出の政令やガイドラインなども重要な参照基準となるでしょう。また，国連のビジネスと人権指導原則を実施に移すべく日本政府がまとめた国別行動計画（NAP）も参照されるべきです。それ以外にも「実定法とは言えないが，実質的にはそれに近い作用をする指針」が多く存在します。詳細は，第2章の「コンプライアンス・プラス」（P38）で示されています。なお，一点注意すべきは，批准されたILO条約，国際人権規約[※11]などは日本では国内法的効力を持ちますので，法令と同じ（ないしはそれ以上）と位置づけることができます。

B．国際基準

　一方，企業が自発的に宣言を出す場合にしばしば参照されるILO条約や世界人権宣言[※12]をはじめとする国際文書も，個別企業が自らの活動の中に取り込んだときにCSRの内容となるという意味で，参照基準としての意味を持ちます。それらは企業にCSR表明についての指針を与えるという観点から，広い意味でのCSR参照文書（CSR referencing instrument）ということができます。総じてILO条約とILO勧告からなる国際労働基準（international labour standards）はほとんど参照基準となる

でしょう。ILO条約・ILO勧告以外，たとえば，2017年に改訂された多国籍企業及び社会政策に関する原則の三者宣言［1977年初採択］^(※13)や，仕事における基本原則及び権利に関する宣言（1999年）などのILO文書，個別国家間に結ばれる労働問題に関する条約や地域的な条約で労働基準を定めているもの，その他，政府間国際組織（たとえばOECD）が採択する労働関係の規定を内包する宣言（1976年の多国籍企業ガイドライン，2011年改訂^(※14)）なども労働CSR参照基準に入れて考えることができます。たとえば日比経済連携協定のような二国間条約であっても，その中に看護師の労働条件についての規定があれば，それも国際労働基準と呼ぶことができ，この場合は国内法的な価値を持ちます。

　国際労働基準，特にILO条約は（日本では特に）国内法上の直接的効果をもつだけでなく，国際機構（国際組織）法として，国家の枠を離れた国際機構（国際組織）自体が一定の法実現を推進します。私人（ILOの場合「産業上の団体」すなわち，労働組合と使用者組織）は国家における司法救済を待つまでもなく（大概の場合，国内救済が得られないから），国際機構に直接訴えかけていくことができます。また，国際機構側も加盟国に対して「監視機能」（supervisory function）という国際行政行為を行うことができます。

　そのように考えるならば，労働CSRにおいては，多くの国内労働法令，400を超すILO条約・勧告の大部分と，次に述べる4つの政府間国際機関関連文書と2つの非政府間国際文書が当面，参照基準とされるべきだということになります。そのうちでも，国際ソフトローとでもいうべきOECD，ILO，国連の文書が代表的な労働CSRの参照基準ということになります。これらを順次簡単に紹介します。

(i)　OECD多国籍企業ガイドライン

　OECDが1976年に採択した「国際投資及び多国籍企業に関する宣言」は，外国の直接投資に対して加盟国が開放政策をとることを支援すると同時に，多国籍企業が事業を展開する国に調和した活動を行うよう訴えかけるもので，その国際協力のために4つの文書が内包されています。その1つが多国籍企業ガイドライン（以下「ガイドライン」）であり，その目標は，多国籍企業が経済，環境，社会の進展のためになし得る積極的貢献を奨励すること，及び多国籍企業の様々な事業により生じる問題点を最小限にとどめることにあります。

　ガイドラインの内容は，人権，情報開示，雇用・労使関係，環境，汚職防止，消費者保護，科学技術，競争，課税という企業倫理の様々な問題に関する原則に及んでいますが，そのうち人権と雇用・労使関係の項目は労働CSRの参照基準となります。

　OECDの勧告であるため，ガイドライン自体に法的拘束力はありません。しかし，各種の手続を完備したことにより，ガイドラインに明らかに違反する企業に対して圧力となってきました。なお，2000年と2011年には，大幅なガイドライン改正がなされ，持続可能な開発という課題の中核となる経済面，社会面，環境面の要素を一層強く打ち出しています。特に，児童労働と強制労働の撲滅に関する提言を加えたことにより，ガイドラインはILOの基本的条約をすべて含むことになりました。2011年改正は，人権遵守を義務とするという規定ぶりになっていることが注目に値します。

　このガイドラインは，主として多国籍企業に向けられたものであることは明らかですが，「概念と原則」に関するガイドラインⅠの5では，多国籍企業と国内企業に差別的取扱いをするものではないことが述べら

れ，Ｉの6では，国内企業も最大限ガイドラインを尊重すべきことが述べられています。

(ii) ILO三者宣言

OECDや国連の活動と並行して，ILOでも労働の側面に焦点を当てた討議が行われ，1977年に理事会の宣言という形で「多国籍企業及び社会政策に関する原則の三者宣言」が採択され，2017年3月の理事会で大きく改訂されました。ILOであるだけに，内容的にはすべてが労働CSRの参照基準であると言うことができます。

なお，表題に多国籍企業という語があり，対象が多国籍企業だけのようにみえますが，OECDのガイドライン同様，その5項において多国籍企業と純然たる国内企業を区別するものではなく，後者にも適用があると規定し，そもそも6項では，多国籍企業を定義しないと言っていることから，すべての企業に対して行われている宣言ということができます。

全68項目からなる本宣言は，およそILOが条約と勧告で規定している事柄をほぼ網羅し，それらをILOの構成員，すなわち政労使，そしてとりわけ多国籍企業が行動指針として取り込んでいくことが訴えられています。これはILO条約でもILO勧告でもないので，ILO憲章上に規定がある様々な権利義務（権限ある機関への提出義務，未批准条約・勧告の報告義務その他）は発生せず，また一連の監視手続も発動しません。

したがって，本宣言に反した行動を多国籍企業がとったとしても，通常の意味でのILO提訴手続は進行しないことになります。もっとも，アネックスに掲げられた「解釈」手続により，個別の紛争解決に対応しようとしていますが，様々な制限があるために，あまり利用されてきてお

らず，2017年改訂においても，基本的にその制限が外されたわけではなく，その影響力はやや限定的です。ただ，そこから導き出されるのは，この宣言が国際労働自体ではなく，まさしく多国籍企業その他の企業が労働CSRを実践する際の参照基準とされるべきものだ，ということでもあります。

(iii) 国連グローバル・コンパクト（※15）

2000年に発足したこの枠組みは，国連事務総長という国連の主要機関の1つ（といっても，総会や経済社会理事会などのような意思決定機関ではない）を一方当事者とする，緩い形の合意（紳士協定）であり，任意性に多くを頼っているという点において，CSRの発現形式としては典型的なものです。

すなわち，そこであげられた4つの分野（10の原則）に従うことを企業として推進することを宣言するのであり，それが世間に対してではなく，国連事務総長という受け皿に対してなされるという特殊性を持つものの，法的効果を持つものではありません。ただ，毎年一度実績報告書を国連に提出しなければならないことは必須事項となってきています。

ちなみに，全国社会保険労務士会連合会も2018年に参加しました。ただ，実際の活動についてモニタリングは行わないので，10の原則の実施は，基本的には企業の自発性に委ねられています。

そこであげられている原則3，4，5，6の4つは労働に関連し（ILOの4つの基本権原則），労働CSRの参照基準ということもできますが，内容的にはOECDやILOの同種の文書が掲げるもの以上のものではありません。

⒤　国連「企業と人権指導原則」

　国連人権委員会（2006年に改称されて現在は人権理事会）は1998年に「多国籍企業の活動に関する作業部会」を国連人権小委員会（正式名称「人権の促進及び保護に関する小委員会」）の下に設置し，作業部会が作り上げた「国連多国籍企業行動規範（案）」は2003年に国連人権小委員会で採択され，親委員会である国連人権委員会に2004年3月に提出されました。

　内容的には，A．一般的義務，B．機会均等及び差別禁止の義務，C．身体の安全への権利，D．労働者の権利，E．国家主権と人権の尊重，F．消費者保護に関する義務，G．環境保護に関する義務，H．実施に関する一般規定，I．定義，の項目から成り立っています。

　国家だけではなく，企業も直接の名宛人となっていることに注目すべきであるし，C項，F項，G項を除けば残りはすべて労働CSRの参照基準となるものということができます。しかし，2004年の国連人権委員会ではこの文書の行方について慎重論が多く出され，この「規範」は採択されませんでした。あきらめきれないアナン国連事務総長（当時）は，2005年に，「人権と多国籍企業及びその他の企業の問題」に関する事務総長特別代表（ハーバード大学教授ジョン・ラギー）に調査と提言を求めました。

　2008年6月，特別代表は3年間の調査研究と協議を経て到達した「保護，尊重及び救済」（Protect, Respect and Remedy）枠組みを提案しました。人権理事会は，この提案を決議A/HRC/RES/8/7（18 June 2008）で歓迎（welcome）して，労働CSRの参照文書となる形となりました。

　この枠組みは3本の柱に支えられています。第一は，しかるべき政策，

規制，及び司法作用を通して，企業を含む第三者による人権侵害から個人を保護するという国家の義務であること。第二は，人権を尊重するという企業の責任であること。これは，企業が他者の権利を侵害することを回避するために，また，企業が関係した人権侵害状況に対処するためにデューディリジェンス（※16）をもって行動すべきであることを意味します。第三は，人権侵害を受けた個人が，司法的，非司法的を問わず，実効的な救済の手段にもっと容易にアクセスできるようにする必要があるということです。

　この枠組みは，ジョン・ラギー特別代表によりさらに精緻化され，2011年３月に国連指導原則 "Guiding Principles on Business and Human Rights: Implementing the United Nations "Protect, Respect and Remedy" Framework"（A/HRC/17/31）として人権理事会により決議の形で採択されました。

　合計31の節からなるこの文書は，当然ながら枠組みを構成する３要素「保護，尊重及び救済」の部に大きく分かれ，それぞれの部についてさらに基盤原則（Foundational Principles）と実施原則（Operational Principles）に分けて記述されています。たとえば「人権を保護する国家の義務」の部では，基盤原則として２つの義務が提示された後，実施原則として４つのカテゴリーの施策が提示され，「企業の人権尊重責任」の部では４つの責任が提示された後，実施原則の中でやはり４つのカテゴリーに細分化された施策が提示されています。「救済へのアクセス」の部では基盤原則は１つですが，４つのカテゴリーの実施原則が提示されています。それぞれの原則の後には解説が加えられています。

　この指導原則はその名のとおり，国と企業をガイドする目的で策定さ

れたものですが，その法的性質には不明なところが多々あります。それ
にもかかわらず，人権理事会はこの原則を決議17/4で裏書（endorse）
し，実施のための作業部会（Working Group on the issue of human
rights and transnational corporations and other business enterprises）
設置を決定しました。作業部会は2012年1月に初会合をもちました。人
権理事会から作業部会に与えられた任務は「指導原則を効果的・総合的
に広めること及び実施することを促進すること」（Promote the
effective and comprehensive dissemination and implementation of the
Guiding Principles）であり，そのために各種の調査をすること，年に
2回世界各地でセミナーを開催すること，毎年12月にジュネーブでマル
チステークホルダー会議を主催すること，などでした。

C．国際NGOが関連するCSR文書

（i）国際労働協約（枠組み協約）

　国際労働組合組織と企業の間に結ばれる国際的な労働協約は，国内法
の比喩を使うならばれっきとした契約ですので，ハードロー（※17）と
しての国際労働基準を形成するもので，企業に対して一連の労働基準遵
守を約束させる限りにおいて，労働CSRの参照基準となり得ます。国際
産業別労働組合組織による枠組み協約というのは，GUFs（Global
Union Federations：国際産業別労働組合組織）が中心となって経営者
団体や多国籍企業と締結する協定のことを指します。グローバル枠組み
協定は，企業だけでなく，労使が一体となりILOの中核的8条約の遵守
などの公約を協定という形で社会に広く宣言するものであり，企業の社
会的責任を具現化するものとなるでしょう。

(ii) ISO26000

2010年，国際標準化機構（ISO）が社会基準を取り込んだ新しい国際標準（ISO26000）を策定しました。ISOはスイスのジュネーブに本部を置く非政府国際機関ですが，世界各国からのステークホルダーの参加を得て，組織の社会的責任に関する包括的ルールとしてこの規格を策定しました。ISOという基本的に工業規格を専門にしている組織が社会基準も取り扱うことについては，かねてから各方面での議論を呼び，ILOも早くから注意していたものの，覚え書きを交わし，ISO26000に取り入れられる規格がILO基準に抵触しないことを条件付けることによってこの基準策定を容認しました。

ISOという組織が，政府間国際組織ではないことからOECDや国連が

労働CSRにおける当面参照とされるべき基準

A 国内基準
国内労働法令 （批准されたILO条約，国際人権規約などを含む）

B 国際基準
- ●ILO条約・勧告の大部分（400超）
- ●政府間国際機関関連文書（4つ）
  - (i) OECD多国籍企業ガイドライン
  - (ii) ILO三者宣言
  - (iii) 国連グローバル・コンパクト
  - (iv) 国連「企業と人権指導原則」

C 国際NGOが関連するCSR文書
非政府間国際文書（2つ）
- (i) 国際労働協約（枠組み協約）
- (ii) ISO26000

採択する文書とは法的には違うことは明らかですが，政府やいくつかの国連専門機関もいろいろな場でかかわっており，さらにはこのISO26000についての策定過程では，労使団体も主要ステークホルダーとして参加しているので，単なる民間機構によって作成された任意の文書と言い切ることはできず，文書自体は，ある程度正統性（legitimacy）が高いといえます。規格自体が行動規範になる可能性は否定できません。

ISO26000は7つの中核主題から成り立っており，そのうちの「人権」の一部と「労働慣行」の2つが労働CSRの参照基準になり得ます。また，この基準の重要性は，その名称からわかるように企業の社会的責任ではなく「組織」の社会的責任を追求するものであり，対象が公的・私的団体一般に及ぶことが重要です。

5 最新の国際的潮流と今後の展望

上に例示したいくつかの国際文書は1970年代に端を発しますが，2008年のビジネスと人権国連指導原則をきっかけに今日に至るまでに，CSR（ひいては労働CSR）参照基準の充実には目覚ましいものが見られます。OECD行動指針やILO三者宣言が大幅に改訂され，英国に端を発する現代奴隷法による企業の国内法的規制という，多くの海外進出企業にとって強い衝撃を与えるニュースがあり，2015年のエルマウ（ドイツ）で行われたG7首脳会談（サミット）では，「責任あるサプライチェーン」というテーマが議論され，人権・労働問題が世界の注目を集めることになりました。2019年に行われたパリG7サミットには，国連事務総長やIMF専務理事などの国際機関の長と並んで初めてILO事務局長がオブ

ザーバー参加したことには，労働・社会問題の主流化の傾向を見てとることができます。「ビジネスと人権」という概念が定着し，その基本文書であるところの国連指導原則がいよいよ重要視されるようになります。この間，企業活動の一環として人権諸原則を取り込んでいるかを監視する「人権デューディリジェンス（DD）」は，欧州においてはEU法として実定法化しつつあります。

　2008年採択のビジネスと人権国連指導原則には，いろいろなフォローアップ措置が付随しているのですが，その１つに国別行動計画（National Action Plan 通称 NAP）の策定があります。エルマウ・サミットでの最終宣言の中にも，それを含めたサプライチェーン・マネジメントが主要項目の１つとして取り上げられていますが，日本は，主要先進国の中では最も遅く，ようやく一昨年，日本版NAPを策定しました。内容的には他の国々と比べると若干生ぬるいところもありますが，地方公共団体レベルでも，関心が高まってきています。国連指導原則は，人権全般を網羅するものではありますが，そのうち労働権・社会権に関するものは主軸の１つと言えます。それらは，労働CSRを具現するものでありますし，そして，それを企業が取り込むことについて，社労士が主導的な働きをしなくてはなりません。NAPは社労士に対しても行動を促していると言っていいでしょう。

　このような世界的な潮流の中で，日本国内で活動する中小の企業にとっても，それは大企業や国外と接点を持つ企業だけの問題として看過しておくことができない状況になってきています。思わぬところで世界とつながっている部分もあるし，そもそも各種国際的な参照基準は規模の大小を問わずすべての企業を働きかけの対象としています。そのことが最も明らかなのがSDGsで，環境基準については個人さえアクターと

して捉えられています。そして，とりわけSDGsの中で重要な位置づけがなされた市民社会が目を光らせているのです。小さい企業でも，人権（労働CSR）遵守を怠っていると，市民社会から非難され業務に支障が出てくることさえあります。企業のレピュテーション（評判）が下がって顧客が離れるかもしれない，公契約条項によって入札から排除されるかもしれない，SDGsを実践していないことを非難されるかもしれない，などの各種リスクが目の前に来ています。

　また，SDGsは企業に対しては「ビジネスと人権」の実践を求めており（第67項），その意味でも労働CSRと直結しています。企業におけるリスクというと受け身に聞こえますが，もっと積極的に捉えて，「攻めの労働CSR」という観点から，企業価値を高めることが求められています。

6 　社労士と労働CSR

　労働CSRを実践していくのは企業ですが，その労務管理について各種助言を行うことを業としているのが社労士です。その意味で，社労士の役割は非常に重要です。そこで，最後に労働CSRが，社労士とどのようにかかわり，通常の業務の中にどのような形で取り込んでいけるか，いくべきか，ということについて解説します。

　社労士法第1条という，いわば社労士憲法は，「社労士は，その有する知識と経験により，事業における労働及び社会保険に関する事項の適切な処理を援助する業務を通じて，事業の健全な発達と労働者その他国民の福祉の適正化を図ること……また社労士の業務は，労働及び社会保

21

険に関する法令に基づく国民の要望に適正に対応するため，専門知識・経験を，事業主・労働者その他国民一般に提供すること。社労士は，国民に迅速，確実，公正なサービスを提供し，労働及び社会保険に関する法令の円滑な実施に寄与する公共的な機能を果たすと……」と規定しています。

　最近では，第6次法改正（平成14年）・第7次法改正（平成17年）により「紛争解決手続代理業務」が社労士の業務として新たに追加され，平成26年の第8次改正により，社労士は事業における労務管理その他の労働に関する事項及び労働社会保険諸法令に基づく社会保険に関する事項について，裁判所において，補佐人として，弁護士である訴訟代理人とともに出頭し，陳述することができるようになりました。

　社労士が行う業務内容は，社労士法第2条によって規定されており，①申請書等の書類作成の事務，②提出代行事務，③事務代理，④個別労働関係紛争のあっせん代理，⑤労務管理その他の労働及び社会保険に関する事項の指導，相談の業務の5つに大別することができます。この⑤社労士法第2条第1項3号が労働CSRとの関係で，特に重要になってきます。

　たとえば，ジェンダーの観点から，働きがいのある労働実現のために，狭い意味での法令遵守を超えて社会全体の問題として働き方改革を推進していくために社労士による労働CSRの活用が有用です。これらから導き出せることは以下のようなことです。

　社労士は，本来的には日本の国内（労働・社会）法の完全な遵守を確保することについて，法によって権威を与えられた職業集団であり，そこで依拠するものは基本的には（国内）法令です（批准された条約を含

みます）。しかし，労働CSRが参照する国際基準が規範的な性質を持ち，一部はハードローとしての機能を果たしていることに鑑み，社労士がその活動（特にクライアントへの助言活動）の中において，労働CSRの参照基準であるところの一連の国際文書を積極的に導入することは，グローバル社会の一員としての社労士としての責任であり，また，社労士制度のいわば憲法である社労士法第１条の精神にも合致するものです。また，企業を主たる名宛人としている他の基準と違い，他の団体一般も対象としているISO26000において明らかなように，社労士会自身が労働CSR 実践の主体でもあり，労働CSRを自ら実施していかなくてはならない責務を負っています。それは社労士が社労士法第１条の精神に則った自らの立ち位置を明らかにすること，そしてその社労士法第１条の精神に基づく労働CSRの普及啓発を労働，社会保障の専門家として，クライアントを通じて実現していくことにあると思われます。クライアントの労働CSRの実現を推進することを補佐する活動は，社労士自身の

社労士に
求められるもの
グローバル社会の一員としての責任
社労士会自身が労働CSR実践の
主体である責務を担う

労働CSRの
普及啓発を
クライアントを
通じて実現

社労士が
SDGsを実施に移す
主体であることを
認識する

労働CSR実現でもあります。ひいては，この活動はSDGsの実践という
意味をも持っていることも認識して活動をしていただきたいと思います。
　すなわち，国連が世界中の国及び私人（団体・法人・個人）に対して
訴えかけているところの，2030年までに達成されるべき17の目標のうち
の第8番目のもの（働きがいがある人間らしい仕事）を，実現していく
責任を遂行する自覚を持っていただきたいということでもあります。

労働CSRの領域

7. 労働者福祉の推進
(1)厚生・企業年金等の運用拡大の方針と運用
(2)育児、介護、疾病関係の支援、施設の充実
(3)ライフサポート、慶弔給付金の充実
(4)文化活動、スポーツ・レクリエーション活動等の推進
(5)そのほか業種や地域の主要な課題など

6. 労働安全衛生の確保と改善
(1)労働災害や職業性疾病の防止と補償
(2)安全衛生委員会（衛生委員会）の効果的な運用
(3)高齢者・障がい者・外国人労働者等の安全
(4)メンタルヘルスの改善と産業医との連携
(5)快適職場づくりと健康経営の推進
(6)そのほか業種や地域の主要な課題など

4. 人材育成と職業訓練の推進
(1)能力開発に関するプログラムの改善と運用
(2)職業能力（エンプロイヤビリティ）向上とキャリア形成支援
(3)デジタル技術に関する人材教育の推進
(4)社会的参加型ボランティア（プロボノ）活動
(5)そのほか業種や地域の主要な課題など

2. 雇用と就労の安定と改善
(1)非正規雇用の労働契約等の雇用改善
(2)女性の活躍推進と管理や幹部への登用
(3)高齢者の雇用の延長と改善
(4)障がい者の雇用改善
(5)デジタル革命と雇用安定の両立
(6)そのほか業種や地域の主要な課題など

5. 労使対話の推進
(1)団体交渉などの労使対話の効果的な運用
(2)労働者代表の選出と労使協議の推進
(3)労使協議等を通じた情報共有と生産性向上の方針
(4)労働者向けの個別の相談窓口の設置と運用
(5)そのほか業種や地域の主要な課題など

1. 労働における人権の保障
(1)企業における人権方針の確立と運用
(2)強制労働の防止についての方針と運用
(3)ハラスメント防止対策についての方針と運用
(4)性的少数者（LGBTIQ）についての方針
(5)外国人労働者等への対応方針と運用
(6)個人情報保護・公益通報制度の点検と運用
(7)そのほか業種や地域の主要な課題など

3. 適正な労働条件とその改善
(1)労働時間・長時間労働の把握と改善
(2)同一労働同一賃金による非正規労働の改善
(3)賃金・労働条件における男女格差の解消
(4)育児・介護休業等の改善の方針と運用
(5)病気と仕事の両立の制度導入
(6)家族と仕事の公平な処遇と生活への支援
(7)外国人労働者への公平な処遇と生活への支援
(7)そのほか業種や地域の主要な課題など

基本的人権

第2章

労働CSRの内容と展開

　この章では労働CSRの内容について，その考え方を解説した前章を引き継ぎ，具体的な実践と結び付けて説明していきます。労働CSRとは，前章で示したとおり，労働法制などの法規範を遵守することを前提に，それを上回るものを自主的に実現することです。

　法令の遵守は「コンプライアンス」ともいわれますので，労働CSRとは労働分野で「コンプライアンス・プラス」を実践することといえます。そのため，この章では，遵守すべき法規範を踏まえながら，実践すべきプラスの部分に焦点を当てて説明します。そして労働CSRにおける優先課題を把握するためのチェックリストを示して，企業での実践を具体的に解説します。

　労働CSRを推奨する意義はすでに前章で詳しく示しました。変化の激しい経済社会の中で，企業が持続的かつ安定して成長するためには，単に労働法等を遵守しているだけではなく，それを上回るものを積極的に実現していく必要があります。それは企業価値向上による人材確保の視点からも必須といえるものです。そして労働CSRを実践的に進めていくために，労働関係の専門家としての国家資格を持つ社労士の積極的な関与が望まれます。

　今日の労働法制は精緻かつ複雑になっています。実効ある労働CSRの展開には，それらを正確に理解し運用できる専門家のサポートが望まれます。さらに，今日広まりつつある「ビジネスと人権」と労働CSRの関わりを説明し，基礎的なチェックリストを示しています。

　なお，労働CSRは今日的なCSRの流れから見ると，持続可能な企業を構築するための環境分野などを含む総合的なCSRの一環でもあります。後者については次章で詳しく説明しています。

1 労働CSRの内容

1-1 労働CSRの分野と実践項目

　ここでは，まず，労働CSRの内容と組立てについて説明します。本章では，労働CSRについて，7つの分野を示しています（図1）。この7つの分野は，労働CSRの実践に向けて不可欠と思われるものを整理したものです。その組立てについては，国際標準化機構（ISO）によるISO26000（組織の社会的責任）等を参照しています。ISO26000（労働関連部分）は，ILO（国際労働機関）の「三者宣言」（多国籍企業及び社会政策に関する原則の三者宣言）をベースとし，中小企業等で使いやすい形に編成していますので，本章での重要な指標となっています。本章では，さらに，7つの分野ごとに「実践項目」を示しています。たとえば，7つの分野の一番目にある「労働における人権の保障」には，7つの「実践項目」があります。

　企業での労働CSRの取組みは，具体的には，このような「実践項目」ごとに，コンプライアンス・プラスの状況を点検することから始まりま

❶ 労働における人権の保障　【P31】　❺ 労使対話の推進　【P35】

❷ 雇用と就労の安定と改善　【P32】　❻ 労働安全衛生の確保と改善　【P36】

❸ 適正な労働条件とその改善　【P33】　❼ 労働者福祉の推進　【P37】

❹ 人材育成と職業訓練の推進　【P34】

図1　労働CSR7つの分野

す。「実践項目」は7つの分野ごとに5つから7つあり，合計では41と
なっています。なお，すべての分野に「業種や地域の主要課題」が設定
されていますが，これは労働CSRに関して業種や地域で特に重要な課題
を含むことができるようにしたものです。また，これらの項目には，
2018年の「働き方改革関連法」施行に伴う法改正も反映されています。

なお，本章では，労働CSRに関する上記の基本項目に加えて，④に
「労働CSRの基盤としての「ビジネスと人権」」を示しました。これは，
2020年10月に，政府が国連の「ビジネスと人権に関する指導原則」（2011
年3月）について，日本での行動計画を策定し，企業での実践を呼びか
けていることに配慮したものです。行動計画の中では，企業への周知と
サプライチェーンを含む人権デューディリジェンス（P54参照）の啓発
を実施すること，さらに，中小企業での取組みを支援することが記され
ています。実際的にも，欧米での取組みの進展を受けて，大企業ではこ
の活動が浸透し始めており，中小企業でもその実践が問われるようにな
るでしょう。本章を活用される皆さんには，労働CSRを実践する上で，
そのことも意識していただければと思います。

1-2 「7つの分野」と「41の実践項目」の使い方

まず，本章で説明する労働CSRの内容がどのような使い方を想定して
いるかについて，若干の説明をしておきます。

前項では，労働CSRの内容として「7つの分野」と「41の実践項目」
があることを説明しました。この「7つの分野」はすべての企業に関
わるもので，企業が一方的に選択をするものではありません。「41の実
践項目」はどうでしょうか。この段階では項目が細分化されており，企
業の中にはすでに実践をしているもの，あるいは業務の性格から対象外

とするものがあるかもしれません。すなわち，41の実践項目の中で，達成したもの，対象外のものが10あるとすれば，企業の実践項目の数は31となります。

　それでは，それらの31項目は同時に取り組む必要があるのでしょうか。必ずしもそうではありません。31項目の実践項目を特定したならば，優先課題，さらには最優先課題を特定し，まずはそれらの課題に取り組むことが労働CSRのスタートです。そして，優先課題や最優先課題の絞り込みを行うときには，ステークホルダーとの対話を行い，労働の専門家のアドバイスを受けることがよいでしょう。

2 労働CSRの具体的な内容

① 労働における人権の保障

　今日のCSRの最大の特徴は人権の重視といえます。これまで人権といえば，職場の日常からはやや離れたものと受け止められることも少なくありませんでした。しかし，過労死や性的少数者等（LGBTIQ）[※18]などの差別が社会問題となるなど，人権としての労働問題が注目を集めています。

　人権の考え方ですが，その基本が国連の「世界人権宣言」（1948年），「国際人権規約」（1966年）に示されることに変わりはありません。同時に，近年では，国連の「ビジネスと人権に関する指導原則」（2011年）[※19]や「ISO26000」（2010年）により，児童労働禁止や結社の自由など，ILOの中核的な労働基準は人権の柱であることが確認されました。労働CSRに携わるものは，労働の基本的権利が人権であることを肝に銘

じる必要があります。わが国では憲法，労働組合法，労働基準法をはじめとする法規範がそのベースとなります。なお，最近のCSRが取り扱う人権の具体的内容については，当面，ILOや人権に関する組織の資料などもご参照ください。

点検する項目

1．企業における人権方針の確立と運用
2．過労死防止についての方針と運用
3．セクハラ・パワハラ防止等についての方針と運用
4．性的少数者（LGBTIQ）についての方針と運用
5．外国人労働者への対応方針と運用
6．個人情報保護・公益通報制度の点検と運用
7．そのほか業種や地域の主要な課題など

---

② 雇用と就労の安定と改善

　企業の活動は就労者の労働に支えられています。同時に，労働者にとって雇用と就労は単に報酬を手にするものではなく，生きがいを求め，能力向上を図るものです。すなわち，ディーセント・ワーク（働きがいのある人間らしい仕事）[※20] の実現を求めるものといえます。

　それを達成するためには，適正な労働契約と雇用管理による雇用と就労の安定，そして改善を実現する必要があります。同時に，パート，派遣，有期などの非正規労働に十分な目配りをすることが求められます。さらに，弱い立場の業務委託や請負，あるいはフリーランスやギグ・ワーカーのような「曖昧な雇用」で働く人々についても適切な配慮が必要です。わが国では職業安定法をはじめとする法規範がベースとなります。

1. 非正規労働（パート・派遣・契約労働者等）の労働契約と雇用改善
2. 女性の活躍推進と管理職や幹部への登用
3. 高齢者の雇用の延長と改善
4. 障がい者の雇用改善
5. デジタル革命と雇用安定の両立
6. そのほか業種や地域の主要な課題など

③ 適正な労働条件とその改善

　企業の労働条件は就労者の労働環境や家族を含めた生活の質に大きな
影響を与えます。また，その水準や内容は人材を確保するための重要な
ポイントです。そして，労働条件の動向は，社会や経済の持続的な成長
にも結び付いています。そのため，労働条件はわが国の労働法制を満た
すのみならず，国際労働基準やそれを上回るレベルを実現することが求
められます。ここでいう労働条件には，月例賃金，一時金，退職金など
の報酬，労働時間，休憩時間，休日，懲戒や解雇，母性保護などが含ま
れます。

　なお，労働安全衛生については本節P36「⑥労働安全衛生の確保と改
善」に記しています。労働者福祉の関係については本節P37「⑦労働者
福祉の推進」で扱いますが，賃金体系に含まれる手当は労働条件に含め
ています。わが国では労働基準法をはじめとする法規範がベースとなり
ます。

> **点検する項目**
>
> 1．労働時間・長時間労働の把握と改善
> 2．同一価値労働同一賃金の原則による非正規労働の改善
> 3．賃金・労働条件における男女格差の解消
> 4．育児・介護休業制度の改善の方針と運用
> 5．病気と仕事の両立の制度導入
> 6．外国人労働者への公平な処遇と生活への支援
> 7．そのほか業種や地域の主要な課題など

④ 人材育成と職業訓練の推進

　企業の内外での人材育成と職業訓練は，勤労者の技能と職務能力を高め，活動範囲を拡大します。

　これは，ディーセントワーク（働きがいのある人間らしい仕事）の実現と生産性の向上に重要な意義を持つものです。また人材育成は従来型の企業内の訓練にとどまらず，AI（人工知能）やIoT（モノのインターネットの活用），さらにはDX（デジタル・トランスフォーメーション）など産業革新に求められる新しい能力の習得，さらには地域や社会に貢献するためのスキルを身に着けることも含まれます。同時に，非正規労働者などすべての就労者を対象に，差別のないかたちで適正に実施することが求められます。わが国では職業能力開発促進法をはじめとする法規範がベースとなります。

> **点検する項目**
>
> 1．能力開発に関するプログラムの改善と運用
> 2．職業能力（エンプロイヤビリティ）向上とキャリア形成支援

3．デジタル技術に関する人材教育の推進
4．社会参加型ボランティア（プロボノ）活動の制度
5．そのほか業種や地域の主要な課題など

⑤ 労使対話の推進

　労使の対話とは，雇用や労働条件をはじめ，双方に利害と関心がある事項について，両者間で行われる団体交渉，労使協議などのことをいいます。団体交渉は企業と労働組合の間で行われ，合意内容は労働協約として確認されます。労使協議は使用者と労働組合あるいは労働者代表との間で行われ，人材育成や生産性の向上など企業経営に関わる課題も扱います。労使の対話は，企業と労働者の間にある課題や懸案事項について，話し合いにより解決する仕組みを提供するものです。これを通じて，労使は企業と産業そして社会の発展に大きな役割を果たすことができます。そのためには，労働組合や労働者代表が自立したものであることが必要です。わが国では労働組合法をはじめとする法規範がベースとなります。

　なお，第3章で詳述するとおり，CSRのプロセスの根幹には，「ステークホルダー・エンゲージメント」，すなわち広い意味の利害関係者の参画があります。労使の対話はこれを労働分野で担保するものといえます。ただし，ステークホルダーには企業のために働く非正規社員なども含まれますので配慮が必要です。

点検する項目
1．結社の自由を基礎とする団体交渉などの労使対話の効果的な運用
2．労働者代表の適切な選出と労使協議の推進
3．労使協議を通じた情報共有と生産性向上の方針
4．労働者向けの個別の相談窓口の設置と運用
5．そのほか業種や地域の主要な課題など

⑥ 労働安全衛生の確保と改善

　労働に関する安全衛生は，労働者の命と健康を守る重要な意義があります。その基本は，職場での作業における安全を確保すること，健康被害を防止することにあります。高齢者の就労や建設業などでの労働災害の多発，メンタルヘルス（精神面での健康）問題の深刻化への対応などが求められます。同時に，快適な職場づくりの推進など，労働環境の質を高める積極的な対応も求められます。

　この分野では労使が共同で参加する労働安全衛生（衛生）委員会が大きな役割を担っています。非正規を含むすべての就業者が，自らの参加と自覚も含めて，労働安全衛生の確保と改善を実現する必要があります。わが国では労働安全衛生法をはじめとする法規範がベースとなります。

点検する項目
1．労働災害や職業性疾病の防止と補償
2．安全衛生委員会（衛生委員会）の効果的な運営
3．高齢者，障がい者，外国人労働者などの安全健康対策
4．メンタルヘルスの改善と産業医との連携
5．快適職場づくりと健康経営の推進
6．そのほか業種や地域の主要な課題など

❼ 労働者福祉の推進

　労働者福祉は，魅力ある働きやすい職場づくりに向けて重要な役割を担っています。

　職場での労働者福祉とは広い意味の福利厚生であり，労使の対話などを通じて質を高めていくものです。企業の福利厚生には，労働・社会保険など法定のもの，家族手当，住宅手当，通勤手当など賃金体系に含まれるもの，生活への各種支援（ライフサポート），健康維持増進，自己啓発，スポーツ・レクリエーションなど法定外のものがあります。このうち，賃金体系に含まれるものは労働条件として本節P33「③適正な労働条件とその改善」で扱われています。わが国では社会保障関係法をはじめとする法規範がベースとなります。

点検する項目
1．厚生・企業年金等の適用拡大の方針と運用
2．育児，介護，病気関係の支援，施設の充実
3．ライフサポート，慶弔給付金の充実
4．文化活動，スポーツ・レクリエーション活動等の推進
5．そのほか業種や地域の主要な課題など

組織
点検
労働CSRの内容（コンプライアンス・プラス）

組織点検の分野（7）	組織点検の実践項目（41）	関連する官民の指針など
1　労働における人権の保障	1．企業における人権方針の確立と運用 2．過労死防止についての方針と運用 3．セクハラ・パワハラ防止等についての方針と運用 4．性的少数者（LGBTIQ）についての方針と運用 5．外国人労働者への対応方針と運用 6．個人情報保護・公益通報制度の点検と運用 7．そのほか業種や地域の主要な課題など	・人権擁護指針 ・差別禁止確保指針 ・過労死等の防止のための対策に関する大綱 ・パワハラ防止に関する指針，等
2　雇用と就労の安定と改善	1．非正規労働（パート・派遣・契約労働者等）の労働契約と雇用改善 2．女性の活躍推進と管理職や幹部への登用 3．高齢者の雇用の延長と改善 4．障がい者の雇用改善 5．デジタル革命と雇用安定の両立 6．そのほか業種や地域の主要な課題など	・非正規労働対策指針 ・短時間・有期雇用改善指針 ・エンパワーメント指針 ・高齢者雇用関係 ・障がい者雇用関係，等
3　適正な労働条件とその改善	1．労働時間・長時間労働の把握と改善 2．同一価値労働同一賃金の原則による非正規労働の改善 3．賃金・労働条件における男女格差の解消 4．育児・介護休業制度の改善の方針と運用 5．病気と仕事の両立の制度導入 6．外国人労働者への公平な処遇と生活への支援 7．そのほか業種や地域の主要な課題など	・ワークライフバランス憲章，行動指針 ・労働時間に関する指針，ガイドライン ・36協定指針 ・治療と職業の両立支援ガイドライン ・テレワーク，兼業ガイドライン ・公益通報・個人情報保護指針，等
4　人材育成と職業訓練の推進	1．能力開発に関するプログラムの改善と運用 2．職業能力（エンプロイヤビリティ）向上とキャリア形成支援 3．デジタル技術に関する人材教育の推進 4．社会参加型ボランティア（プロボノ）活動の制度 5．そのほか業種や地域の主要な課題など	・職業能力開発指針 ・若年者，再就職支援指針，等
5　労使対話の推進	1．団体交渉などの労使対話の効果的な運用 2．労働者代表の適切な選出と労使協議の推進 3．労使協議を通じた情報共有と生産性向上の方針 4．労働者向けの個別の相談窓口の設置と運用 5．そのほか業種や地域の主要な課題など	・中小企業の労使関係指針，等
6　労働安全衛生の確保と改善	1．労働災害や職業性疾病の防止と補償 2．安全衛生委員会（衛生委員会）の効果的な運営 3．高齢者，障がい者，外国人労働者などの安全健康対策 4．メンタルヘルスの改善と産業医との連携 5．快適職場づくりと健康経営の推進 6．そのほか業種や地域の主要な課題など	・災害防止・快適職場形成指針 ・メンタルヘルス対策指針，等
7　労働者福祉の推進	1．厚生・企業年金等の適用拡大の方針と運用 2．育児，介護，病気関係の支援，施設の充実 3．ライフサポート，慶弔給付金の充実 4．文化活動，スポーツ・レクリエーション活動等の推進 5．そのほか業種や地域の主要な課題など	・年金等非正規労働者適用拡大指針 ・公益通報・個人情報保護指針，等

(注記)
1．労働CSRに関するすべての前提は法規範を遵守していることにある。
2．海外での事業やサプライチェーンを持つ企業の場合は各項目の「そのほか業種や地域の主要な課題など」を拡充して対応することなどが必要である。

主な関連法及び関連文書	SDGs対応
・憲法 ・労働組合法 ・労働基準法 ・労働施策総合推進法（パワーハラスメント対策） ・ILO条約・勧告を中心とした，各種国際文書	5 ジェンダー平等を実現しよう　8 働きがいも経済成長も
・労働基準法，労働契約法 ・職業安定法，労働者派遣法 ・高年齢者雇用安定法，障がい者雇用促進法（高齢者，障がい者の雇用対策） ・男女雇用機会均等法，男女共同参画社会基本法 ・次世代育成支援対策推進法 ・ILO条約・勧告を中心とした，各種国際文書	5 ジェンダー平等を実現しよう　8 働きがいも経済成長も　9 産業と技術革新の基盤をつくろう
・労働基準法，最低賃金法 ・労働時間改善法 ・男女雇用機会均等法，育児介護休業法 ・公益通報者保護法・個人情報保護法 ・ILO条約・勧告を中心とした，各種国際文書	8 働きがいも経済成長も
・職業能力開発法 ・ILO条約・勧告を中心とした，各種国際文書	4 質の高い教育をみんなに　8 働きがいも経済成長も　9 産業と技術革新の基盤をつくろう
・労働組合法 ・労働関係調整法 ・ILO条約・勧告を中心とした，各種国際文書	8 働きがいも経済成長も　16 平和と公正をすべての人に　17 パートナーシップで目標を達成しよう
・労働安全衛生法 ・過労死防止法 ・ILO条約・勧告を中心とした，各種国際文書	3 すべての人に健康と福祉を　8 働きがいも経済成長も
・社会保障関連法 ・ILO条約・勧告を中心とした，各種国際文書	3 すべての人に健康と福祉を　8 働きがいも経済成長も　10 人や国の不平等をなくそう

3 労働CSRによる組織点検の展開

3-1 組織点検の考え方と内容

　ここで示す「組織点検」は労働CSRの基本であり，本体です。

　「組織点検」は労働CSRの各分野について，すなわち，人権としての労働，雇用の質と内容，労働条件などについて，企業が自主的に点検することを基本としています。そして，その実践にあたっては就労者などのステークホルダーとの対話や労働の専門家のアドバイスを受けながら，実効ある点検を進めるようにします。

　点検する内容は，前節②「労働CSRの具体的な内容」で示した，労働における7つの分野に関する実践項目についてです。各分野には，それぞれ5から7の実践項目があり，全体では41となっていることは前節で説明したとおりです。その内容を以下に再掲しました。

組織点検の7つの分野（カッコ内は実践項目の数）
1．労働における人権の保障（7）　　2．雇用と就労の安定と改善（6）
3．適正な労働条件とその改善（7）　　4．人材育成と職業訓練の推進（5）
5．労使対話の推進（5）　　6．労働安全衛生の確保と改善（6）
7．労働者福祉の推進（5）

3-2 労働CSRによる組織点検の進め方（3つの段階）

　組織点検は，企業としての準備と体制づくり，点検の実施，点検のレビューなどの手順を踏んで行います。具体的には次の3つの段階で進め

ます（P42図2）。

●第1段階 ～方針と体制づくり～

　まず，労働CSRを十分に理解した上で，方針と計画を策定し，社内の体制を確立します。そして，このプロセスで対話を行う相手方（ステークホルダー）を確認します。通常は労働組合あるいは労働者代表が相当しますが，カバーしていない非正規労働者や外国人労働者などがいる場合には対応が必要です。また，取引先等に関して配慮が必要となる場合があります。

●第2段階 ～取り組むべき課題の確定～

　企業が取り組むべき労働CSRの課題を把握し，その中から優先課題を確定するための作業を行います。ここでは，前節に示した労働CSRの7つの分野と41の実践課題を用いて，点検と評価を行います。本章に収録したチェックリストを使用することを推奨しますが，これについては次項で説明します。

　なお，ここに示したチェックリストは本ガイドブックのためのバージョンであり，今後さらに改善されることが望ましいと思います。

●第3段階 ～課題解決のPDCAサイクル～

　企業は特定された課題の解決に向け，実行計画を立てて取組みを進めます。そのためには，チェックリストを用いて組織を診断した結果を示す「労働CSR診断書」（P46〜47参照）を活用するとよいでしょう。それらの活動は必ず評価（レビュー）を行い，企業の内外に向けて報告をします。

　なお，「第1段階」と「第2段階」のステップは一巡して終了ではありません。次の優先課題の解決に向けてPDCA（※）のサイクルを回していくことで，労働CSRによる職場の改善を進めていくことが重要です。

※PDCA：Plan（計画）・Do（実行）・Check（評価）・Action（改善）を繰り返すことにより継続的な改善を進める手法

● 「第3章総合的なCSRの取組み」との関係

　なお，本項の「3つの段階」は，第3章（「総合的なCSRの取組み」）で説明されている総合的なCSRの取組みの「7つのステップ」を参照しています（第3章P65以降参照）。

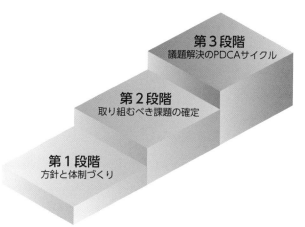

図2　労働CSRの進め方

3-3　チェックリストの使い方と評価

　労働CSRの各論についての組織点検は，チェックリストで行います。

点検作業のプロセスは，（1）項目ごとに企業の対応の必要性を点検する，（2）それを踏まえて各項目と分野ごとに点数による評価を行う，（3）最優先課題を特定し，労働CSR診断書などで示す，などとなります。具体的には次の手順で行います。

① 企業対応の必要性を41の実践項目ごとに点検

ここでの点検は，まず，労働CSRの7つの分野に示されている41の実践項目ごとに行います。ただし，対象の企業には無関係なものや対応済みで対象とならない項目については，チェックする項目から除外します。各分野にある「業種や地域の主要な課題」については，企業のみの判断ではなく，就労者や労働組合の代表などのステークホルダーや外部の専門家の意見を聞いて重要なものを選ぶことが望まれます。

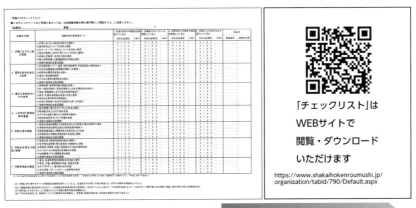

「チェックリスト」は
WEBサイトで
閲覧・ダウンロード
いただけます

https://www.shakaihokenroumushi.jp/
organization/tabid/790/Default.aspx

記入例はP46〜47に記載しております

43

②　実践項目を 4 つの評価基準より点検する

　まず41の実践項目のそれぞれについて，次の 4 つのポイントにより点検します。

　（ 1 ）企業の状況や問題点を把握しているか，（ 2 ）関連する法規範やガイドラインを理解しているか，（ 3 ）就労者などの意見や要望を聴取しているか，（ 4 ）企業としての方針を持ち，履行しているか。

③　企業による対応の必要性の評価

　その次に状況の評価を行います。上記②「実践項目を 4 つの評価基準より点検する」の 4 つのポイントについて，次頁の表に示した評価基準により評価します。

④　7 つの点検分野についての評価

　こうして得られたデータに基づき，41の実践項目について，「 7 つの組織分野」ごとの状況を評価します。これについては，各分野に含まれる点検（実践）項目の得点を合計して評価します。

⑤　対応の優先度の判断

　企業による対応の必要性について客観的な評価を行った後に，その優先度を判断します。コンプライアンスとの関係，就労者や労働組合の意見，顧客や社会との関係などを考え，社労士など専門家のアドバイスも受けて，ただちに取り組むべき最優先課題，あるいはそれに続く課題を特定します。その内容は「労働CSR診断書」などで示します。

　これを受けて，企業は，P41「第 3 段階〜課題解決のPDCAサイクル〜」にある問題解決とフォローの取組みを推進します。

4つの点検ポイントとその評価の基準

 点検ポイント1 企業の状況や問題点を把握しているか

（評価基準）
0. 企業の状況や問題点を把握していない
1. 企業の状況や問題点について検討中である
2. 企業の状況や問題点についてある程度まで把握している
3. 企業の状況や問題点について概ね把握している

 点検ポイント2 関連する法規範やガイドラインを理解しているか
※「法規範やガイドライン」についてはP38〜39のリストを参照

（評価基準）
0. 関連する法規範やガイドラインを把握していない
1. 関連する法規範やガイドラインがあることは認識しているが内容は知らない
2. 関連する法規範やガイドラインについてある程度理解している
3. 関連する法規範やガイドラインについて概ね理解している

 点検ポイント3 就労者などの意見や要望を聴取しているか
※「就労者」には非正規労働者などを含む

（評価基準）
0. 就労者などの意見や要望を聴取していない
1. 就労者などの意見や要望の聴取を検討している
2. 就労者などの一部の意見や要望を聴取している
3. 就労者などの意見や要望は概ね聴取している

 点検ポイント4 企業としての方針を持ち履行しているか
※企業としての方針には就業規則や社長の公的な訓示などを含む

（評価基準）
0. 企業としての方針は持っていない
1. 企業としての方針を検討中である
2. 一部について企業としての方針を持ち履行している
3. 企業としての方針を持ち概ね履行している

　なお，この取組みでは，関係法規が遵守されていることが大前提であり，そのことを確認する必要があります。この意味で労働分野の専門家としての国家資格を持つ社労士等が関与することに大きな意義があります。もし法違反が明らかなものや，疑いがあるものが見られる場合には，まずその速やかな解決に専念してください。

【労働CSRチェックリスト】

●このチェックシートのご利用にあたっては，社会保険労務士等の専門家にご相談の上，ご活用ください。

【企業名： ●●株式会社　　　業種： ●●●業　　　　　　　　　　　　】

点検の分野	組織点検の実践項目（41）	1．企業の状況や問題点を把握しているか		
		対応の必要性		対象外
1．労働における人権の保障	(1)企業における人権方針の確立と運用	0 ① 2 3		
	(2)過労死防止についての方針と運用	0 1 ② 3		
	(3)セクハラ・パワハラ防止等についての方針と運用	0 1 ② 3		
	(4)性的少数者（LGBTIQ）についての方針と運用	0 ① 2 3		
	(5)外国人労働者への対応方針と運用	0 1 2 3		✓
	(6)個人情報保護・公益通報制度の点検と運用	0 1 ② 3		
	(7)そのほか業種や地域の主要な課題など（　　　　）	0 1 2 3		✓
2．雇用と就労の安定と改善	(1)非正規労働（パート・派遣・契約労働者等）の労働契約と雇用改善	0 1 2 3		
	(2)～幹部への登用	0 1 ② 3		
		0 ① 2 3		
	(4)高年齢者の雇用改善	0 1 ② 3		
	(5)デジタル革命と雇用安定の両立	0 ① 2 3		
	(6)そのほか業種や地域の主要な課題など（　　　　）	0 1 2 3		✓
3．労働条件の改善	(1)労働時間・長時間労働の把握と改善	0 1 ② 3		
	(2)同一価値労働同一賃金の原則による非正規労働の改善	0 ① 2 3		
	(3)賃金・労働条件における男女格差の解消	0 ① 2 3		
	(4)育児・介護休業制度の改善の方針と運用	0 ① 2 3		
	(5)病気と仕事の両立の制度導入	0 ① 2 3		
	(6)外国人労働者への公平な処遇と生活への支援	0 1 2 3		
	(7)そのほか業種や地域の主要な課題など（　　　　）	0 1 2 3		✓
4．人材育成と職業訓練の推進	(1)能力開発に関するプログラムの改善と運用	0 ① 2 3		
	(2)職業能力（エンプロイヤビリティ）向上とキャリア形成支援	0 ① 2 3		
	(3)デジタル技術に関する人材教育の推進	0 ① 2 3		
	(4)社会参加型ボランティア（プロボノ）活動の制度	⓪ 1 2 3		
	(5)そのほか業種や地域の主要な課題など（　　　　）	0 1 2 3		✓
5．労使対話の推進	(1)結社の自由を基礎とする団体交渉などの労使対話の効果的な運用	0 1 ② 3		
	(2)労働者代表の適切な選出と労使協議の推進	0 1 ② 3		
	(3)労使協議を通じた情報共有と生産性向上の方針	0 1 ② 3		
	(4)労働者向けの個別の相談窓口の設置と運用	0 ① 2 3		
	(5)そのほか業種や地域の主要な課題など（　　　　）	0 1 2 3		✓
6．労働安全衛生の確保と改善	(1)労働災害や職業性疾病の防止と補償	0 1 ② 3		
	(2)安全衛生委員会（衛生委員会）の効果的な運営	0 1 ② 3		
	(3)高齢者・障がい者・外国人労働者などの安全健康対策	0 1 ② 3		
	(4)メンタルヘルスの改善と産業医との連携	0 1 ② 3		
	(5)快適職場づくりと健康経営の推進	0 1 ② 3		
	(6)そのほか業種や地域の主要な課題など（　　　　）	0 1 2 3		✓
7．労働者福祉の推進	(1)厚生・企業年金等の適用拡大の方針と運用	0 ① 2 3		
	(2)育児，介護，病気関係の支援，施設の充実	0 ① 2 3		
	(3)ライフサポート，慶弔給付金の充実	0 ① 2 3		
	(4)文化活動，スポーツ・レクリエーション活動等の推進	0 ① 2 3		
	(5)そのほか業種や地域の主要な課題など（　　　　）	0 1 2 3		✓

※対応の必要性の評価基準は，P45「4つの点検ポイントとその評価の基準」を参照。　★現時点で関係しない
（注1）労働CSRに関するすべての前提は法規範を遵守していること。法違反かその疑いがある場合には，ま
（注2）取引先（サプライチェーン）の扱いについては第3章本文等を参照のこと。
（注3）「対応の必要性」は，各項目についての取組状況を数値化し，重要度（取組みの優先度）の高低を把握

（吹き出し）主要課題がない場合は「対象外」として記入。

（吹き出し）対象外は「✓」を記入。（例）現状外国人の雇用がない，外国人雇用の予定がない，など。

2. 法規範やガイドラインを理解しているか		3. 就労者などの意見や要望を聴取しているか		4. 企業としての方針を持ち履行しているか		得点率（得点）	
対応の必要性	対象外	対応の必要性	対象外	対応の必要性	対象外	実践項目	実践項目得点率(得点)の合計
0 ① 2 3		0 ① 2 3		0 ① 2 3		4	50% (30)
0 1 ② 3		0 ① 2 3		0 ① 2 3		6	
0 1 ② 3		0 1 ② 3		0 1 ② 3		8	
0 ① 2 3		0 ① 2 3		0 ① 2 3		4	
0 1 2 3	✓	0 1 2 3	✓	0 1 2 3	✓	0	
0 1 ② 3		0 1 ② 3		0 1 ② 3		8	
0 1 2 3	✓	0 1 2 3	✓	0 1 2 3	✓	0	
0 1 ② 3		0 1 ② 3		0 1 ② 3		8	50% (30)
0 1 ② 3		0 ① 2 3		0 ① 2 3		6	
0 1 ② 3		0 1 ② 3		0 1 ② 3		8	
0 ① 2 3		0 ① 2 3		0 ① 2 3		4	
0 ① 2 3		0 ① 2 3		0 ① 2 3		4	
0 1 2 3	✓	0 1 2 3	✓	0 1 2 3	✓	0	
0 1 ② 3		0 1 ② 3		0 1 ② 3		8	46.6% (28)
0 ① 2 3		0 ① 2 3		0 ① 2 3		4	
0 ① 2 3		0 ① 2 3		0 ① 2 3		4	
0 1 ② 3		0 1 ② 3		0 1 ② 3		8	
0 ① 2 3		0 ① 2 3		0 ① 2 3		4	
0 1 2 3	✓	0 1 2 3	✓	0 1 2 3	✓	0	
0 1 2 3	✓	0 1 2 3	✓	0 1 2 3	✓	0	
0 ① 2 3		0 ① 2 3		0 ① 2 3		4	25% (12)
0 ① 2 3		0 ① 2 3		0 ① 2 3		4	
0 ① 2 3		0 ① 2 3		0 ① 2 3		4	
⓪ 1 2 3		⓪ 1 2 3		⓪ 1 2 3		0	
0 1 2 3	✓	0 1 2 3	✓	0 1 2 3	✓	0	
0 1 ② 3		0 1 ② 3		0 1 ② 3		8	46.6% (28)
0 1 ② 3		0 1 ② 3		0 1 ② 3		8	
0 1 ② 3		0 1 ② 3		0 1 ② 3		8	
0 ① 2 3		0 ① 2 3		0 ① 2 3		4	
0 1 2 3	✓	0 1 2 3	✓	0 1 2 3	✓	0	
0 1 ② 3		0 1 ② 3		0 1 ② 3		8	66.7% (40)
0 1 ② 3		0 1 ② 3		0 1 ② 3		8	
0 1 ② 3		0 1 ② 3		0 1 ② 3		8	
0 1 ② 3		0 1 ② 3		0 1 ② 3		8	
0 1 ② 3		0 1 ② 3		0 1 2 3		8	
0 1 2 3	✓	0 1 2 3	✓	0 1 2 3	✓	0	
0 ① 2 3		0 ① 2 3		0 ① 2 3		4	33.6% (16)
0 ① 2 3		0 ① 2 3		0 ① 2 3		4	
0 ① 2 3		0 ① 2 3		0 ① 2 3		4	
0 ① 2 3		0 ① 2 3		0 ① 2 3		4	
0 1 2 3	✓	0 1 2 3	✓	0 1 2 3	✓	0	

場合には，「対象外」に「レ」，「得点計」欄に「0」を記入。
ずその解決を最優先とすること。

するものであること。

【労働CSR診断書】

会社名：　●●株式会社

貴社の「労働CSRチェックリスト」の点検結果は以下のとおりです。

記入箇所
「(7)そのほか業種や地域の主要な課題など」がない場合は0点とする。

【得点と達成率】

点検の分野	組織点検の実践項目（41）	実践項目 配点	実践項目 得点	点検分野 配点※	点検分野 得点
1．労働における人権の保障	(1)企業における人権方針の確立と運用	12	4	72 (84)	30
	(2)過労死防止についての方針と運用	12	6		
	(3)セクハラ・パワハラ防止等についての方針と運用	12	8		
	(4)性的少数者（LGBTIQ）についての方針と運用	12	4		
	(5)外国人労働者への対応方針と運用	12	0		
	(6)個人情報保護・公益通報制度の点検と運用	12	8		
	(7)そのほか業種や地域の主要な課題など（　　　）	12	0		
2．雇用と就労の安定と改善	(1)非正規労働（パート・派遣・契約労働者等）の労働契約と雇用改善	12	8	60 (72)	30
	(2)女性の活躍推進と管理職や幹部への登用	12	6		
	(3)高齢者の雇用の延長と改善	12	8		
	(4)障がい者の雇用改善	12	4		
	(5)デジタル革命と雇用安定の両立	12	0		
	(6)そのほか業種や地域の主要な課題など（　　　）	12	0		
3．適正な労働条件とその改善	(1)労働時間・長時間労働の把握と改善	12	8	72 (84)	28
	(2)同一価値労働同一賃金の原則による非正規労働の改善	12	4		
	(3)賃金・労働条件における男女格差の解消	12	4		
	(4)育児・介護休業制度の改善の方針と運用	12	8		
	(5)病気と仕事の両立の制度導入	12	4		
	(6)外国人労働者への公平な処遇と生活への支援	12	0		
	(7)そのほか業種や地域の主要な課題など（　　　）	12	0		
4．人材育成と職業訓練の推進	(1)能力開発に関するプログラムの改善と運用	12	4	48 (60)	12
	(2)職業能力（エンプロイヤビリティ）向上とキャリア形成支援	12	4		
	(3)デジタル技術に関する人材教育の推進	12	4		
	(4)社会参加型ボランティア（プロボノ）活動の制度	12	0		
	(5)そのほか業種や地域の主要な課題など（　　　）	12	0		
5．労使対話の推進	(1)結社の自由を基礎とする団体交渉などの労使対話の効果的な運用	12	8	48 (60)	28
	(2)労働者代表の適切な選出と労使協議の推進	12	8		
	(3)労使協議を通じた情報共有と生産性向上の方針	12	8		
	(4)労働者向けの個別の相談窓口の設置と運用	12	4		
	(5)そのほか業種や地域の主要な課題など（　　　）	12	0		
6．労働安全衛生の確保と改善	(1)労働災害や職業性疾病の防止と補償	12	8	60 (72)	40
	(2)安全衛生委員会（衛生委員会）の効果的な運営	12	8		
	(3)高齢者・障がい者・外国人労働者などの安全健康対策	12	8		
	(4)メンタルヘルスの改善と産業医との連携	12	8		
	(5)快適職場づくりと健康経営の推進	12	8		
	(6)そのほか業種や地域の主要な課題など（　　　）	12	0		
7．労働者福祉の推進	(1)厚生・企業年金等の適用拡大の方針と運用	12	4	48 (60)	16
	(2)育児，介護，病気関係の支援，施設の充実	12	4		
	(3)ライフサポート，慶弔給付金の充実	12	4		
	(4)文化活動，スポーツ・レクリエーション活動等の推進	12	4		
	(5)そのほか業種や地域の主要な課題など（　　　）	12	0		

実践項目得点の合計

※点検分野配点（　）は，そのほか業種や地域の主要な課題などを含んだ場合の配点合計。

企業と相談の結果，確定した結果（得点等）を記入。

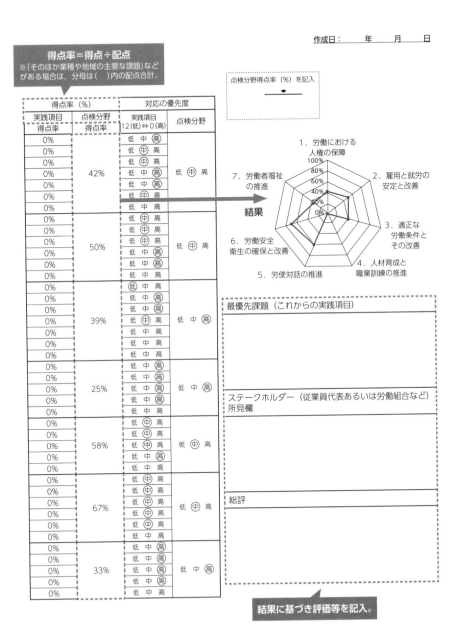

得点率＝得点÷配点
※「そのほか業種や地域の主要な課題」などがある場合は、分母は（　）内の配点合計。

点検分野得点率（%）を記入

得点率（%）		対応の優先度	
実践項目 得点率	点検分野 得点率	実践項目 12(低)⇔0(高)	点検分野
0%		低 中 (高)	
0%		低 (中) 高	
0%		低 (中) 高	
0%	42%	低 中 (高)	低 (中) 高
0%		低 (中) 高	
0%		低 (中) 高	
0%		低 (中) 高	
0%		低 (中) 高	
0%		低 (中) 高	
0%	50%	低 (中) 高	低 (中) 高
0%		低 中 (高)	
0%		低 中 (高)	
0%		低 中 高	
0%		(低) 中 (高)	
0%		(低) 中 (高)	
0%	39%	低 (中) 高	低 中 (高)
0%		低 (中) 高	
0%		低 中 高	
0%		低 中 高	
0%		低 中 (高)	
0%		低 中 (高)	
0%	25%	低 中 (高)	低 中 (高)
0%		低 中 (高)	
0%		低 中 (高)	
0%		低 (中) 高	
0%		低 (中) 高	
0%	58%	低 (中) 高	低 (中) 高
0%		低 (中) 高	
0%		低 (中) 高	
0%		低 (中) 高	
0%		低 (中) 高	
0%	67%	低 (中) 高	低 (中) 高
0%		低 (中) 高	
0%		低 中 高	
0%		低 中 (高)	
0%		低 中 (高)	
0%	33%	低 中 (高)	低 中 (高)
0%		低 中 (高)	
0%		低 中 高	

結果

1．労働における人権の保障
2．雇用と就労の安定と改善
3．適正な労働条件とその改善
4．人材育成と職業訓練の推進
5．労使対話の推進
6．労働安全衛生の確保と改善
7．労働者福祉の推進

最優先課題（これからの実践項目）

ステークホルダー（従業員代表あるいは労働組合など）所見欄

総評

結果に基づき評価等を記入。

3-4　労働CSRによる診断と企業の対応

　労働CSRによる組織点検を踏まえ，企業は次のプロセスにより取組みを進めます。ここでは社労士等の専門家やステークホルダーとの意見交換を行うことが望まれます。

①　「労働CSR診断書」の作成

　労働CSRの状況について，チェックリストを用いた組織点検を行った結果について，企業に対して「労働CSR診断書」のような形でわかりやすく説明します。この「診断書」では，点検結果のデータと評価を丁寧に示すとともに，社労士等の専門家，そして就労者や労働組合の代表などのステークホルダーの所見を求め，それを示します。

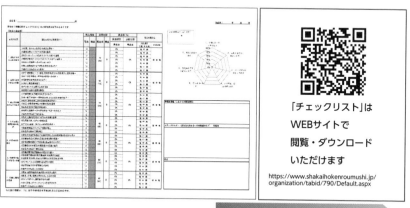

「チェックリスト」は
WEBサイトで
閲覧・ダウンロード
いただけます

https://www.shakaihokenroumushi.jp/
organization/tabid/790/Default.aspx

記入例はP48〜49に記載しております

② 企業での実行計画の作成と推進

労働CSRの点検と診断は，企業における実践に結び付かなければ意味がありません。組織点検の結果の提示（「労働CSR診断書」など）を受け，企業は実行計画を策定し，PDCAサイクルによりその推進を図ります。

③ 取組みの評価と報告

企業の労働CSRの取組みについては，その成果と課題をとりまとめて評価するとともに，「労働CSR報告」などの形で就労者，労働組合，関係労働者に報告します。外部に対しても適切なレポートを行います。

④ 社労士会による認定などの検討

企業の取組みについては，その達成度について，社労士会としての認定（「アワード」）を行うことが考えられます。それにより，企業は社会的な評価を高めるとともに労働CSRへのモチベーションを高めることが期待されます。

これについては，今後，労使などの意見を聞きながら検討することが望まれます。

4 労働CSRの基盤としての「ビジネスと人権」

4-1 「ビジネスと人権」の考え方

(1) 「ビジネスと人権」と労働CSR

この節では，CSRの現代的な焦点の1つである「ビジネスと人権に関

する指導原則」（「ビジネスと人権に関する指導原則：国連『保護，尊重及び救済』枠組実施のために」）について，今日の労働CSRの基盤であるとの視点に立ち，主として中小企業での実践を念頭に，その考え方と内容を紹介し，実践の道筋を示します。

　「ビジネスと人権に関する指導原則」（以下「指導原則」）は，第1章に示されているとおり，企業と人権についての法的拘束力のない規範として，国連が2011年3月に定めたものです。わが国では，これまで，大企業を中心に取組みが進められてきましたが，国としての対応を求める声が強まり，2020年10月に，政府による行動計画が策定されました。そこでは，「企業に対して周知し，サプライチェーンを含む人権デューディリジェンス（P54参照）についての啓発を行うこと」とされ，さらに，「中小企業の取組みを支援すること」が記されています。

　今日，「指導原則」は，大企業のみならず，中小企業の身近な問題になってきました。それは，まず，「指導原則」がサプライチェーンの状況を特に重視しており，多くの中小企業に影響するからです。また，サプライチェーンに組み込まれていない企業では，社会の動きに取り残されないよう，積極的にこの問題に取り組む必要があります。なお，本節では基本的に自らサプライチェーンを持たない中小企業を想定しています。

　「指導原則」は，3つの柱，すなわち，人権を保護する国家の義務，人権を尊重する企業の責任，人権侵害からの救済へのアクセス，により組み立てられています。このうち，企業による人権尊重の取組みが労働

CSRの基盤としての中心です。なお，多くの他の先進諸国では「指導原則と人権」を踏まえた取組みがさらに進展しております。第1章に示されているように，英国，フランス，ドイツなどでは法制化が行われ，欧州連合（EU）での対応も進んでおり，日本への波及にも注目する必要があります。

⑵　人権としての労働の内容

　「指導原則」では「人権」について，最低限，「世界人権宣言」などが示すもの及び，ILOによる労働の基本的な原則と権利をいうとします。後者の内容については，「ILO中核8条約の原則」を基本とし，「状況に応じて追加的な基準を考える必要もある」としています。このことにより，労働CSRは「指導原則」の支柱に結び付いています。

　労働CSRと「人権としての労働」の関係ですが，本章の②では「労働CSRの具体的な内容」として7つの分野を示しています。その第1は「労働における人権の保障」です。そこでは，ILO中核8条約の原則を踏まえて7つの具体的な事項を掲げています。また，その第2「雇用と就労の安定と改善」以降の各項目にも，今日的な人権に含まれるものがあります。「人権としての労働」の範囲についての本節の考え方はP58の表に示されています（この範囲については，より幅広い捉え方もあります。たとえば，「人権教育啓発推進センター」による調査報告（2021年3月：https://www.jinken-library.jp/database/materials.php）など参照）。

4-2 「指導原則」の実践プロセス

⑴　企業での理解と対応方針の策定

　企業としての実践のプロセスは，まず「指導原則」を理解し，方針を策定することから始まります。企業の各部門が「指導原則」の理解を共有し，対応方針を審議し，さらに方針については，最終的にトップが判断する形が望まれます。策定にあたっては，ステークホルダー（利害関係者）としての従業員や関連する労働者，労働組合や従業員代表の意見を聞くよう努めます。また，専門家としての社労士などのアドバイスを受けることも有用です。

⑵　デューディリジェンスの実践

　「指導原則」では，企業での実践に関するキーワードとして，「デューディリジェンス」を示しています。この言葉はわが国では資産査定関係で使われてきましたが，ここでは，企業による人権確保のための中心的な手段となっています。意味するところは，企業とサプライチェーンでの人権リスクを特定して停止あるいは防止し，適切な対策を実践し，そのことを組織の内外に説明することです。具体的なプロセスは次のとおりです。

　　①　人権としての労働でのリスクの特定
　　　デューディリジェンスの重要なポイントの１つです。良心的な経営が行われている場合にも，リスクとして，労働者などに思わぬネガティブな影響を与えることがあります。可能性も含めて検討し，その内容を特定します。この場合も，従業員や関連する労働者，労働組合や従業員代

表，また専門家の意見を聞くよう努めます。

② ネガティブな影響への対応と組織内への伝達

　ネガティブな影響が特定された場合，あるいは想定される場合には，それを停止あるいは防止し，被害者の補償を含む対応策を確認します。そして，その内容を企業の各部門に伝達します。これらを実行できるような体制と予算を確保しておきましょう。

③ 企業の対応の評価と追跡

　企業による対応について，まず自ら評価を行います。必要な場合には対応の結果についての追跡も行います。この場合には，労働組合や従業員代表，また専門家との意見交換を行うことが望まれます。また，ネガティブな影響を受けた労働者等がいる場合には，対応についてのフィードバックを行います。

④ プロセスについての情報提供

　企業としてのデューディリジェンスの実施について，取組みの内容や結果について，社内や外部に情報の提供を行います。これにはリスクの特定なども含むようにします。

※デューディリジェンスに関する指針としては，①中小企業を含む企業全般を対象とするものにISO26000（2010年），②多国籍企業をベースに企業全般の人権に対応する「指導原則」（2011年），さらに，③雇用，環境，消費者利益などを総合的に扱う「OECD多国籍企業行動指針」実施のための「責任ある企業行動のためのOECDデューディリジェンス・ガイダンス」（2018年）がある。ここでは，主として①と②を参照している。

⑶　是正と苦情処理の取組み

　企業がネガティブな影響を与えた場合には自ら積極的に是正を行います。あるいは，企業の外部のアクターとの協力を通じての是正も考えられます。公的あるいは民間の苦情処理システムは必要に応じて是正のための有力な手段として活用します。苦情処理システムは，ネガティブな

影響についての判断が分かれたときに用いることができます。

⑷　配慮すべき事項

①　ステークホルダーの参加

労働CSRに関するデューディリジェンスのプロセスでは，上記のとおり，ステークホルダーとしての従業員，関連労働者，従業員代表，労働組合などの参加が重要な意味を持ちます。このプロセスは，企業活動の人権・労働分野でのネガティブな影響を停止あるいは防止し，救済に結び付けることを目的とします。そのため，ステークホルダーによる弱者目線の参加は，プロセスの公正さを確保するためにもきわめて重要です。

②　サプライチェーンへの対応

「指導原則」は前述のとおり，サプライチェーンを特に重視しています。サプライチェーンに組み込まれている中小企業は，自らの取組みのほか，親会社による「指導原則」対応にリンクする場合があることに備える必要があることも想定しましょう。

また，本節はサプライチェーン等を持たない中小企業を想定していますが，それを持つ場合には，「指導原則」でのサプライチェーンの取扱いを踏まえる必要があります。

＜参考＞「労働CSRチェックリスト」を活用した「人権としての労働」のリスク特定

「人権としての労働でのリスク」特定表の使い方

　ここでは，P54のデューディリジェンスについて，「①人権としての労働でのリスクの特定」を行う際に，第3節の「労働CSRチェックリスト」（P46～47）を活用するケースを示します。進め方は次のとおりです。

(1)　「『人権としての労働でのリスク』特定表」の内容を確認する。この表は本章第3節の【労働CSRチェックリスト】から，人権としての労働の範囲のうち主なものを抽出して作成したものである。

(2)　特定表の「3．チェックリストの『得点計』」に【労働CSRチェックリスト】での点検に基づく得点計の数字を記入する。

(3)　「5．労働者等へのネガティブな影響の状況」について，企業の状況を点検しA～Eの選択を記入する。

(4)　上記(2)の得点と(3)の回答をみながら，特定表の「6．対応の優先度」を検討し，「低中高」の評価を記入する。

(5)　その後，P54の「(2)デューディリジェンスの実践」の「②ネガティブな影響への対応と組織内への伝達」に戻る。

【「人権としての労働でのリスク」特定表の例】

1．点検分野	2．点検項目	3．チェックリストの得点計		4．関連部署 (記入する) 企業全体 人事・労務 製造・生産 販売・サービス バックオフィス その他	5．労働者等へのネガティブな影響の状況 A 影響，可能性ともにない B 影響の可能性がある C 影響がみられる D わからない・検討中 E 該当しない	6．対応の優先度
		項目	得点			
○職場での差別	○非正規労働の労働条件	2-(1)			A B C D E	低 中 高
	○性的少数者への対応	1-(4)			A B C D E	低 中 高
○結社の自由	○結社の自由と団体交渉	5-(1)			A B C D E	低 中 高
○児童労働，強制労働	○児童労働の使用	＊	＊		A B C D E	低 中 高
	○強制労働の状況	＊	＊		A B C D E	低 中 高
○ジェンダー平等 ハラスメント	○同一労働同一賃金	3-(2)			A B C D E	低 中 高
	○ハラスメントの実情	1-(3)			A B C D E	低 中 高
○過労死，感染症	○過労死・重大災害	1-(2)			A B C D E	低 中 高
	○感染症対策の実情	＊	＊		A B C D E	低 中 高
○外国人労働	○外国人労働者の状況	1-(5)			A B C D E	低 中 高
○個人情報	○個人情報の扱い	1-(6)			A B C D E	低 中 高

(注記)　1．この表は本章第3節の【労働CSRチェックリスト】(P46〜47) から，人権としての労働の範囲のうち主なものを抽出して作成したものである。この表は点検の分野や項目についてより広い範囲のものと置き換えることができる。
　　　　2．＊印は【労働CSRチェックリスト】に含まれないものを示す。
　　　　3．関連部署は例示を参考に具体的かつ簡潔に記入する。

4-3 SDGsと「指導原則」への対応

(1) SDGsと労働CSR

　SDGsは，世界の持続可能性の確保等のために，国連が2015年9月に採択したもので，人権を基礎として貧困，環境，雇用などの17の目標，そして企業への期待等を示し，2030年をゴールに，15年をかけて実現することを目指すものです。SDGs全体の名称は「我々の世界を変革する：持続可能な開発のための2030アジェンダ」（Transforming our world: the 2030 Agenda for Sustainable Development）」です。その構成は，①原則と意義，②目標とターゲット，③実施の手段と協力，④フォローとレビューの4つのパートからなります。普及のためのカラフルなアイコンに目を奪われて，全体を見失わないことが肝要です。

　労働CSRとの関わりで上記②の目標とターゲットを見ると，目標8（日本語アイコンでは「働きがいも経済成長も」）が最も深い結び付きがあります。そこでは「完全かつ生産的な雇用，ディーセントワークと同一労働同一賃金の達成（8.5）」「強制労働を完全になくし，児童労働を確実に禁止・撤廃する（8.7）」「移民労働者，不安定雇用労働者を含むすべての労働者の権利保護，安心・安全な労働環境の促進（8.8）」が示されています。このほか，目標3（すべての人に健康と福祉を），目標5（ジェンダー平等を達成しよう），目標10（人や国の不平等をなくそう），目標17（パートナーシップで目標を達成しよう）など労働CSRに強く結び付いています。このほか，本書の労働CSRの内容について，目標4（質の高い教育をみんなに），目標9（産業と技術革新の基盤をつくろう），目標16（平和と公正をすべての人に）もそれぞれ関連があります。SDGsの各目標と労働CSRの項目との関連については，本章第2

節「労働CSRの具体的な内容」の一覧表（P38〜39）に示しました。

⑵　企業には「指導原則」の実行を求める

　SDGsにおいて企業の活動に期待することは，全体のパート（③実践の手段と協力）に示されています。特に，その第67項は「民間企業活動」のタイトルの下で，次のように示しています。

> 67（民間企業活動）
> 　（略）我々は，こうした民間セクターに対し，持続可能な開発における課題解決のための創造性とイノベーションを発揮することを求める。「ビジネスと人権に関する指導原則と国際労働機関の労働基準」，「児童の権利条約」及び主要な多国間環境関連協定等の締結国において，これらの取り決めに従い労働者の権利や環境，保健基準を遵守しつつ，ダイナミックかつ十分に機能する民間セクターの活動を促進する。

　すなわち，SDGsは，労働CSRの分野では，企業に対して「ビジネスと人権に関する指導原則とILOの労働基準」の取決めに従い労働者の権利や環境，保健基準を遵守するよう求めているのです。このことは，日本政府によるSDGs行動計画にも反映されています。政府の「SDGsアクションプラン2022」（2021年12月）では，「政府がSDGsを実施するための主な取組一覧」の「優先課題」として，次のように記されています。「『ビジネスと人権』に関する行動計画（2020-2025）の実施を通じて，持続可能で包括的な社会の実現に寄与することを目指す」。

　SDGsが「民間企業活動」という項目を起こし，「指導原則」やILO労

働基準の実現を求めていることは，企業にとって，アイコンで示されている17の目標と並ぶ重みを持つものです。労働CSRは，「指導原則」を基盤として，企業の現場での活動を通じて，SDGsの達成に貢献するものです。SDGsと「指導原則」との関係について，後者の生みの親とされるラギー博士は，次のように述べています。

「『指導原則』はビジネスに人権の尊重を根づかせるためにグローバルな基準を設定している。翻（ひるがえ）って，SDGsは社会及び環境の持続可能性を実現するためのビジョン声明であり行動計画である」。

なお，いくつかの企業からは「SDGsがブームになっており，当社でも17の目標のどれかを選んで取組みの姿勢を示さなければ」との意向が聞こえてきます。しかし，それが取って付けたような活動になるならば，貢献の実は上がらない可能性もあります。まずは，企業内でのジェンダー平等，非正規労働者，外国人実習生などの状況を点検することから始めてはどうでしょうか。足が地についた労働CSRの取組みは，「指導原則」の普及とSDGs推進の視点からも強く求められています。

Labour
CSR
Guidebook

第3章
総合的なCSRの取組み

1　総合的なCSRの考え方

　本章では，社会価値と経済価値を両立させるCSR起点の持続可能な経営（サステナビリティ・マネジメント）を実現するための総合的・網羅的かつ実践的なフレームワーク（枠組み）を紹介します。このフレームワークは，2017年11月にスリランカで開催された国際機関による中小企業向けのCSRセミナー用に作成したテキストを参考に作成しましたが，その骨格は組織の社会責任に関する国際的ガイダンス規格でCSRの概念を包括的に示すISO26000を主たる参考文献としてまとめたものです。

　本章では，「総合的なCSR」，すなわち社会価値と経済価値を両立させるCSR起点の持続可能な経営（サステナビリティ・マネジメント）を実現するための総合的・網羅的かつ実践的なフレームワーク（枠組み）を紹介します。このフレームワークは，2017年11月にスリランカで開催された国際機関による中小企業向けのCSRセミナー用に作成したテキストを参考に作成しましたが，その骨格は組織の社会責任に関する国際ガイダンス規格でCSRの概念を包括的に示すISO26000を主たる参考文献としてまとめたものです。

　本来「総合的なCSR」には，企業が社会価値と経済価値を両立させるためのベースラインとしての「コンプライアンス・プラス」に加えて「事業活動（製品・サービスの創出など）を通した社会貢献」も含まれます。ここでは，主に社労士の方々が本ガイドブックを活用されることを鑑みて，「ISO26000の7つの中核主題を中心とする分野でのコンプライアンス・プラス」にフォーカスし，そのための総合的・網羅的かつ実践的なフレームワーク（枠組み）として執筆しました。なお，「事業活

動（製品・サービスの創出など）を通した社会貢献」を含んだ記述がされている箇所もありますが，この部分は参考情報としてお読みいただけると幸いです。

　このフレームワークは7つのステップから構成されています。
　第2章でもこの7つのステップを紹介していますが，本章では労働分野にとどまらず，経営全体の視点でCSR活動を進めるための統合的プロセスを詳しく述べています。CSRは経営そのものであるように，CSR起点の経営に係る要素や範囲は広く，また，労働CSRの対象領域や項目も広範ですので，それらの取組みにあたっては優先分野を特定し選択的に取り組むことが費用対効果の点で重要です。特に資源の制約がある中小企業にはメリハリのある取組みが求められます。そのような優先分野を絞り込むための方法も紹介しています。
　また，このフレームワークは，CSR起点の経営全体を俯瞰した上で，とりわけその中核的な要素である労働関連分野とそのベースラインである人権分野に焦点を当てた取組みが実践できるようにも配慮しています。

　社労士などの専門家が，中小企業内でこのフレームワークを使ってCSR経営と労働CSRを普及させ，また，それらの導入を推進する組織内の関係者に対し適切な支援とアドバイスを行うことが期待されます。

2　総合的なCSRの内容と実践　～CSRの経営への統合化に向けた7つのステップ～

　労働CSRや人権を含むCSR起点の経営を包括的に実践するための手続や手順の流れを以下のステップに沿って解説します。これらのステップ

に基づき活動を進めていくことがCSRマネジメントの構築と実践につながります。

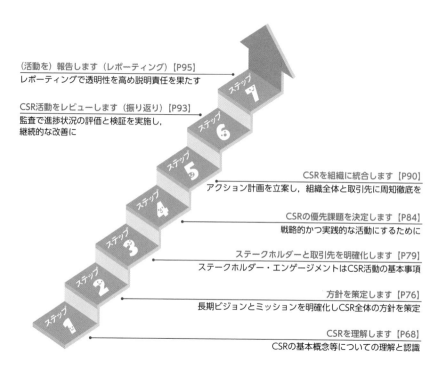

（活動を）報告します（レポーティング）【P95】
レポーティングで透明性を高め説明責任を果たす

CSR活動をレビューします（振り返り）【P93】
監査で進捗状況の評価と検証を実施し，
継続的な改善に

CSRを組織に統合します【P90】
アクション計画を立案し，組織全体と取引先に周知徹底を

CSRの優先課題を決定します【P84】
戦略的かつ実践的な活動にするために

ステークホルダーと取引先を明確化します【P79】
ステークホルダー・エンゲージメントはCSR活動の基本事項

方針を策定します【P76】
長期ビジョンとミッションを明確化しCSR全体の方針を策定

CSRを理解します【P68】
CSRの基本概念等についての理解と認識

　本章では総合的なCSRの取組みの「7つのステップ」を説明していますが，前章の「労働CSRの取組みの3段階」（P42）はこれを参照したものです。それぞれの関係性は以下のとおりです。

労働CSR組織点検の３つの段階	CSRの経営への統合化に向けた７つのステップ
第１段階 方針と体制づくり	ステップ１／CSRを理解【P68】 ステップ２／方針を策定【P76】 ステップ３／ステークホルダーと取引先を明確化 　　　　　　　　【P79】
第２段階 取り組むべき課題の確定	ステップ４／CSRの優先課題を決定【P84】
第３段階 課題解決のPDCAサイクル	ステップ５／CSRを組織に統合【P90】 ステップ６／CSR活動をレビュー【P93】 ステップ７／活動を報告（レポーティング）【P95】

ステップ1　CSRを理解します

　今日のCSRの主要概念を理解するためにISO26000に基づく定義や要素などを以下にご紹介します。ISO26000に基づく定義，7つの中核主題，ステークホルダーの参画を重視した取組みはCSRの基本として世界的に定着しています。これらの概念や要素等は大手多国籍企業のみならず中小企業を含むあらゆる組織にも適用されます。ISO26000は中小企業を正面から対象として，その扱いを説明している数少ないCSR関係の国際規格です。

CSRの定義

CSRは，企業の意思決定や活動が
社会や環境に対し及ぼす影響への責任を意味します。
(注：「社会」には労働者を含むステークホルダーも包含されます)。

企業は次のような透明かつ倫理的な行動を通じて責任を担います。

● (社会の) 持続可能な発展に貢献
● ステークホルダーの期待に配慮
● 関連法令の遵守 (法的コンプライアンス)，国際行動規範への整合化
● 組織全体に統合され，また取引先など経営や事業の影響が及ぶ範囲内の活動に適用

●持続可能な発展（開発）

将来の世代の人々が自らのニーズを満たす能力を失うことなく，現状のニーズを満たす発展（開発）です。

●国際行動規範

慣習国際法，一般に受け入れられている国際法の原則，または普遍的もしくはほぼ普遍的に認められている政府間合意（条約等）から導かれる社会的に責任ある組織の行動に対する期待を意味します。

●CSRの代表的な中核主題

ISO26000では以下の7つの中核主題を規定しています（図1）。これらはCSRの代表的な要素ともいえます。

組織統治，人権，労働慣行，環境，公正な事業慣行，消費者課題，コミュニティへの参画と発展

図1に示されているように，すべての中核主題は相互に関連し，補完し合います。組織統治の性質は他の中核主題とは異なり，すべての中核主題の基盤となるものです。これらの中核主題とそれらに含まれる課題は，統合的な視点でアプローチを取るべきです。1つの中核主題や課題に集中するのではなく，すべての中核主題と関連する課題，またそれらの相互依存性，関係性を考慮すべきです。

●ステークホルダー

事業によって影響を受ける人々，集団，あるいは企業に影響を与える人々や集団（利害関係者）のことです。

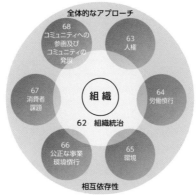

図1　7つの中核主題（ISO26000：2010社会的責任に関する手引きより）

●ステークホルダー・エンゲージメント

　組織の決定に関する基本情報を提供する目的で，組織と1人以上のステークホルダーとの間に対話の機会をつくり出すために試みられる活動です。詳細はステップ3を参照ください。

●取引先

　取引先と同様の用語としてサプライチェーンとバリューチェーンという用語があります。一般的には，サプライチェーンは企業に対して製品またはサービスを提供する一連の活動または関係者を意味します。バリューチェーンは製品またはサービスの形式で価値を提供するか，または受け取る一連の活動または関係者の全体を意味します。価値を提供する関係者には，資機材などの供給業者，受託労働者，請負業者，その他が含まれ，また価値を受け取る関係者には，顧客，消費者，取引先，会員，その他使用者が含まれます。また，サプライチェーンという用語は，バリューチェーンと同義であると理解される場合があります。本章では「取引先」に統一しています。

　　　　CSRの基本概念等についての理解と認識とともに，今日のCSRの

進化とその背景を理解することがCSRへの取組みの出発点となります。これらは第1章でも触れられていますが，以下にまとめて概説します。

●1990年以降，CSRに関し世界的に意識が高まった背景としていくつかの理由があります。その1つに企業活動を中心とする経済のグローバル化とそれに伴う資本市場での競争激化が地球環境や社会に様々な負の深刻な影響を与えてきたことがあります。たとえば，気候変動（地球温暖化）の進展，生物多様性・生態系の破壊や環境汚染の問題，水を含む資源の枯渇化，新興国・途上国を中心とする取引先（下請企業等のサプライチェーン）を含む児童労働・強制労働，汚職・腐敗や経済格差などの労働や人権に係る問題などです。また，食品安全問題，品質偽装，情報漏えい，贈賄，不正会計，談合などの企業による不祥事・非倫理的行動に代表されるコンプライアンスの問題もあります。

　これらの問題に対する責任範囲は，大手の多国籍企業のみならず，それらの取引先を通じてグローバルに，また中小企業まで拡大されました。これらの負の問題の是正に向けて国連をはじめとする国際機関，各国政府，NPO（非営利組織）やNGO（非政府組織），消費者，労働組合，マスコミなど多様なステークホルダーが企業に対し圧力や監視を強め，あるいは協力を求めるなどの活動が活発化しました。このようなステークホルダーの動きも世界的にCSRへの関心が高まった背景です。国際機関やNGOなどによる動きは，企業活動に縛りを入れる多くのソフトローやガイダンスなどの制定につながりました。

●上記で紹介したようなCSRの流れは，現在，世界的に広がっています。そのCSRの基本概念は，企業が遵守すべき，世界的に共有化された企業倫理と行動のためのルールとして特徴づけられます。

●さらに，2008年のリーマンショックが契機になって，各企業は社会やステークホルダーへの負の影響を軽減する「守りのCSR活動」というベースラインはしっかり踏まえつつ，あわせて社会の持続可能性（サステナビリティ）にも貢献することで企業価値を追求する経営へと進化しつつあります。

　上述のとおり，企業にとってCSR活動を推進することは，長期的企業価値の創造につながる未来への投資と認識すべきです。

　持続可能な社会の創造に貢献する企業は，顧客や消費者，地域社会，取引先，政策関係者などのステークホルダーによって支持され，また信頼を獲得できます。

　特に企業活動の中核となる従業員からの信頼獲得は企業の持続可能性という観点から重要です。日本のように少子高齢化が進む社会において企業価値を持続的に高めていくためには，企業にとって今まで以上に従業員の満足度とともに経営と事業への参画意識を高めること，また優秀な人材の確保が重要課題になります。労働やその基盤となる人権分野に焦点を当てる労働CSRはそのような環境下で最も重視されるべきCSR経営の要素です。
　資源の制約がある中小企業にとって，実践的で，かつ段階を踏む

方法を取れば，CSRの取組みは困難ではなく，また必ずしも多大な費用支出を伴うものではありません。

世界には数多くのCSRに関連したツールやガイダンスなどが存在します。ISO26000は，国際的に認められた組織の社会責任に関するガイダンス規格で，CSRの概念を包括的に提供します。人権の保護，不当な労働の排除，環境への対応，そして腐敗の防止に関わる10の原則を提唱する国連グローバル・コンパクト，また，サステナビリティ報告書のガイドラインを制定するGRI（Global Reporting Initiative）[※21]も代表的なツール類です。

これらは第1章で説明されている国連の人権宣言やILOの労働基準等を踏まえ，労使を含む幅広いステークホルダーのコンセンサスで策定されたものです。

最近CSRの議論と並行して語られるようになったCSV（Creating Shared Value）という概念がありますが，最初の二文字が同じであることで紛らわしいので注意をしておく必要があります。
CSVは直訳すると「共通価値の創造」という意味ですが，事業（製品・サービス）を通じて社会価値と経済価値を創出するということです。
本業に係ることですので企業にとっては関心が高くなりますが，ここでは規範性が抜けています。CSRは，コンプライランスやそれを徹底するためのガバナンスの要素，規範性をベースラインとし，その上で事業を通じ社会との共通価値を創出することを目指します。

　以上をわかりやすくまとめると，CSR起点の経営とは，会社の経営や事業によって生まれる社会，環境及びステークホルダーに対する「負の影響（インパクト）」を最小化し（ご迷惑をかけない），また「正の影響（インパクト）」を最大化し，持続可能な社会の発展とステークホルダーに貢献（お役立ち）することで会社自身の社会における存在意義や企業価値の創造を追求する取組み（マネジメント）です。

　その取組みにあたっては，関係するステークホルダーを明らかにし，課題の優先度を確認し効率的に進めることが求められ，また，取組みの成果や課題をステークホルダーに開示し，説明することも重要です。

　本章ではこれらの取組みをステップに沿って説明します。

CSR起点の経営

●会社の経営や事業によって生まれる社会，環境及びステークホルダーに対する「負の影響（インパクト）」を最小化すること（ご迷惑をかけない）と，「正の影響（インパクト）」を最大化することで，持続可能な社会の発展とステークホルダーに貢献（お役立ち）する

●それによって，会社自身の社会における存在意義と長期的企業価値の創造を追求する取組み（マネジメント）

●取組みにあたっては，関係するステークホルダーを明らかにし，課題の優先度を確認し効率的に進めること，また，取組みの成果や課題をステークホルダーに開示し，説明することが重要

(要配慮事項)●実践的，段階を踏む方法（企業規模に適した取組み）を選択
●ISO26000などの国際的CSR関連ツールを活用

ステークホルダーからの支持と信頼の獲得

    顧客や消費者　地域社会　取引先　就業者・労働組合　株主・投資家　政策関係者　etc…

【重要課題】➡企業活動の中核である「従業員」からの信頼獲得

一層の従業員満足度　経営と事業への参画意識の向上　優秀な人材確保

「労働CSR」，その基盤となる「人権分野」の重要性

ステップ2　方針を策定します

　　長期ビジョンとミッションを明確化しCSR全体の方針を策定します。

> 会社のビジョンとミッションが明示化されていない企業もあります。
> これらが経営者の頭の中にとどまっていることもあります。
> 組織の中にCSR活動を導入するためには，そのようなビジョンとミッションをステークホルダーに明示し，それに沿ったCSR全体の方針を立案することが先決となります。

　　会社のビジョンやミッションを策定する際，以下のような質問を自問自答し，会社の存在意義や事業の特徴などを描いてみてください。それらは，ビジョンやミッションを策定するためのヒントになります。

> ●ビジネスモデルは？　ビジネスの場所は？
> ●お客様は？　その所在は？
> ●会社の存在意義と事業の目的は？
> ●社会，環境，そしてお客様や従業員などのステークホルダーに提供する価値は？
> ●事業が生むポジティブなインパクト（正の影響）は？　また，ネガティブなインパクト（負の影響）として何があるか？
> ●「良い会社」のイメージと会社が目指す理想像は？

●その「良い会社」と会社の現状との差は？

●ビジネスリスクには何があり，それを減らすためにはどうすべきか？

●競争力を高めるにはどのような課題があるか？

●技術や事業モデルなどでイノベーションを起こすためのヒントを得るには？

　会社のミッションについて，以下の視点を踏まえた内容になっているか振り返ります。これらの視点が考慮されていない場合，またミッションが明示されていない場合はそれをわかりやすく言葉で表現してください。従業員等のステークホルダーに伝わりやすくなります。

●顧客，消費者，取引先，株主，従業員，コミュニティなどのステークホルダーとの関係性の中で，会社が期待されている役割や貢献など（重要なステークホルダーの特定方法についてはステップ3．を参照）

●ステークホルダーと社会のための長期価値創造，社会課題の解決への貢献，社会と会社の持続可能な発展と成長の実現

●会社が留意すべき法的・倫理的な要求，また，国際行動規範の遵守の観点（リスクマネジメント）

　　CSR活動の基盤となる企業行動憲章や行動規範を準備し，社内外に宣言します。

- ●企業行動憲章や行動規範には，法的・倫理的なコンプライアンスを含むCSRに関する主要な概念や要素，また，ステークホルダーとの関係性を反映することが重要です。
  特に，中核的な要素である人権や労働者との関係性はこれらの企業行動憲章や行動規範に不可欠な部分です。
- ●これらの制定には，ISO26000の７つの中核主題や国連グローバル・コンパクト，他の国際行動規範，また，一般社団法人日本経済団体連合会（経団連）が策定した「企業行動憲章 実行の手引き」なども参考になります。
  CSRに関する顧客からの要求事項などを参考にして作成すると事業活動との連携が強化されます。
- ●これらの企業行動憲章や行動規範を取引先にも適用することによってCSRマネジメントの範囲を広げることができます。
  具体的には取引先の選考基準として活用することが主要施策になります。

ステークホルダー・エンゲージメントはCSR活動の基本事項で，ビジネスにも便益をもたらします。また，それは，CSR起点のマネジメントとして，CSR活動の継続的な改善を促します。ISO26000は，ステークホルダー・エンゲージメントをCSRマネジメントの不可欠な要素として，また，CSRマネジメントの改善のための有効な手法として重要視しています。

　ISO26000ではステークホルダー・エンゲージメントを以下のように特徴づけます。

●組織と１つあるいは複数以上のステークホルダーとの対話
●ステークホルダーへの広聴の機会
●組織からの情報提供を含む双方向のコミュニケーション
●ステークホルダーの意見に配慮した意思決定に有効
●組織のパフォーマンスの振り返り（レビュー）と改善，また，透明性の改善に有効
●双方の組織に有益で，目的を実現するためのパートナーシップ

　企業にとってのステークホルダーは，ISO26000の７つの中核主題を利用して確認します。具体的な手法は以下のとおりです。

●7つの中核主題（組織統治，人権，労働慣行，環境，公正な事業慣行，消費者課題，地域社会（コミュニティ）の参画と発展）ごとに，会社・事業に関連する重要なステークホルダー（従業員・労働者，顧客・消費者，株主・投資家，政府・行政，コミュニティ，取引先など）を確認します。その上でそれらのステークホルダーの要求事項，及び未解決の項目や課題などを整理し明らかにします。

●これらが明確になっていない場合は，ステークホルダーとの対話などを通じて確認し明らかにしていくことが大事です。
（次項を参照）。ステークホルダーには取引先，特にそこで働く労働者も含みます。

●これらの課題事項は，会社の経営に影響を与える優先課題を決定するにあたり，ステークホルダーからの重要インプット（期待事項，要求事項等）として位置づけられることになります。

●企業にとって最重要ステークホルダーは従業員を含む働き手です。これには，従業員の代表である労働組合，下請労働者，構内労働者，パートタイマー，契約社員，外国人労働者などが含まれます。

次に，ステークホルダーには以下のように関与してもらいます。

●ステークホルダー・エンゲージメント（目的ある対話や関与など）を企画し実施します。これはマネジメント改善プロセスに有効で重要なツールとなります。ステークホルダーが抱える現状の課題等に関するフィードバックを得るために，また，非公式な議論を

実施する目的で，まずはステークホルダー・グループとの小規模なダイアログ（対話）から開始することが現実的な施策となります。

● ステークホルダーから得られた情報やフィードバックを，以下の目的で使うことで，CSRが経営や事業と連携し，また，統合化された活動になります。

○ 新製品，新しい顧客，また社会貢献やコミュニティ参画，環境などの活動に関する新しい企画づくりなどのヒントを得る

○ 労働環境の改善領域を確認する

○ 製品品質への満足度などを理解する

○ ステークホルダーの不満，また，ステークホルダーを巻き込むような事故や自然災害，さらに事業などの問題等で起こり得る会社の脆弱な（リスクにつながる）領域がないかを確認する。

● ステークホルダーからのインプットを改善計画のギャップ分析にも活用し，その上で改善計画の概要を描いていくことになります。

　会社や事業によって影響を受ける社会的弱者との対話の機会創出を試みることもCSRへの取組み上重要なテーマとなります。

　会社の経営や事業によって最も影響を受けやすい社会的弱者との対話を通じて，国連SDGsが重視する「誰一人取り残さない持続可能な社会づくり」に貢献していくための施策づくりに向けての参考情報も得られます。

　社会的弱者は社内のみならず取引先や進出先のコミュニティ等にも存在する可能性があることに注意すべきです。たとえば，障がい

者，途上国などで労働に直面した児童等，社会的に脆弱な人々や労働者，妊娠している労働者，難病や病気を抱える労働者，介護問題を抱える労働者，外国人労働者，非正規社員，LGBTIQ（性的少数者）や海外等での進出先コミュニティでの少数民族・先住民などです。

　直接の対話が困難な場合，彼らを支援する組織（労働組合，NPOあるいはNGOなど）や行政などを活用してもよいでしょう。対話などを持つ場合，以下のような視点に配慮します。

> ●社会的弱者との直接的な対話などを持つ場合，敬意をもって広聴する
> ●児童労働の排除などの問題解決を目指すこと
> ●問題解決にあたっては，ステークホルダーと連携した取組みや支援を受けることを考慮する

　限られた資源に制約される組織（中小企業など）は，最初からすべての課題について，関連するすべてのステークホルダーを関与させることを避けます。ただし，どの企業にも共通する重要課題として人権や労働分野があることに留意すべきです。その場合，関連する中核主題やステークホルダー（従業員など）を優先させます。また，会社とステークホルダーの双方の資源制約の下で，最も現実的で実行可能な領域に注力します。

　上述したステークホルダーを7つの中核主題ごとに整理する中で

特定された取引先との関係性について，以下のプロセスに基づきリスクと機会の観点で会社の現状や立ち位置を確認します。

- 取引先のマッピングを使って取引先全体の構造や取引先との関係性，また，取引プロセスなどを理解します。企業や業界によって取引先の構造が違うことに留意します。
- 取引先に対し，取引の流れ全体（バリューチェーン）の中での自社の位置づけと役割を明確化します。
- 取引先の事業活動全体とその流れ（場所，地域，国を含む）を確認します。
- 取引先との関係性の中で，ステークホルダーに影響を与える（おそれのある）自社の活動，事業と操業，製品やサービスなどを確認します。
- 以上の分析から潜在的なリスクにつながる課題や詳細な問題点をみつけます。これらのリスクをどう解決するか，どう避けるかの施策を検討します。
- 将来のビジネス機会はあるのか，そのためにどう企業価値を創出するのか，その活動には何があるのかを検討します。
- 取引先とのコミュニケーション方法や改善のための対話（ダイアログ，エンゲージメント）の方法を検討します。

　ステークホルダーにはステークホルダー・エンゲージメントの役割や改善等の結果などについて報告を実施します。このプロセスはISO26000の重要な要素で，継続的な改善のためのPDCAマネジメントにつながります。

ステップ4　CSRの優先課題を決定します

　重要で優先すべきCSRの課題を決定します。戦略的かつ実践的な活動にするためには以下の視点での行動や配慮が基本事項として求められます。特に資源等に制約のある中小企業の場合は重点事項に絞り，活動を戦略的に進めることが実効性の確保につながっていきます。

●CSRマネジメントと会社のビジョン・長期ゴールとを整合させること
●社会の持続可能な発展（サステナビリティ）の文脈で主要な事業活動のリスクと機会を分析すること

　中長期に企業価値と社会価値の双方を高めていくためにはサステナビリティ（持続可能性）の概念を経営に統合化していくことが求められます。そのためには，両面からの重要課題を明らかにすることが前提となります。

　具体的には以下のような行動や配慮が必要です。あわせてP87のコラムにあるマテリアリティ分析手法も参考にしてください。

●社会，環境，地政学（国），市場等やサステナビリティの文脈でのメガトレンドが会社の経営や事業に与える潜在的インパクト（リスクと機会）について情報を収集し，分析をします。その際，会社のビジョン，ミッション，主要ゴール，資源などの社内的側

面も考慮します。

●事業によって引き起こされるステークホルダーへの潜在的あるい
　は顕在化された影響（未解決の課題）を把握します。その場合，
　ステークホルダーとの対話等が有効になります（ステップ3．参
　照）。

●会社の能力と資源（ヒト，資金，社会（コミュニティ）関係，知
　的資本など）を明らかにします。

●お客様（顧客）から取引先である自社に求められているCSRの要
　素に関連する要求や期待事項を明らかにします。
　例として，人権，労働慣行，環境，製品の品質・安全性，情報セ
　キュリティなどを確認します。

●グローバル社会からの重要期待事項としてのSDGs（国連持続可
　能な開発目標）を考慮し，かつ事業との関係性を確認します。

　CSRに関連する課題の中から具体的な重要事項を整理し，かつ対
応状況を確認するために，ISO26000の7つの中核主題（組織統治，
人権，労働慣行，環境，公正な事業慣行，消費者課題，コミュニ
ティ参画と発展）ごとの実状を評価してもよいでしょう。

　たとえば，これらの主題について，自社にとって重要か，それほ
ど重要でないかに分類し，重要と判断される場合の対応状況を確認
していくことになります。

　具体的には，どのようなリスク，あるいは事業面や企業価値向上
の観点からの機会（メリット）となるかどうか，また，改善余地が
あるかどうかを判断し，それらに対し必要なアクションや施策の手

が打たれているかどうかを明確化することが必要です。これらが
CSR活動の根拠，また企画化や計画づくりの情報となります。

　これらの検討結果は，後述するCSR経営における重要課題を特定
するプロセス（次頁のコラムを参照）に反映させることで経営との
統合化へのステップとなります。

　ここでもあらゆる企業にとって共通課題である人権や労働慣行か
らの現状分析は重要なテーマとなります。当該分野での優先事項を
特定する場合，P38〜39及びP46〜47の「社労士会・労働CSRにお
ける「コンプライアンス・プラス」の７分野41項目とそのチェック
リスト」を参照し，活用します。

　重要課題を決定する際には，最優先かつ基本となる事項（ベース
ライン）として以下を考慮します。第２章の労働CSRにおける優先
度チェックの手法にもこれらの考え方が活かされています。

●法的な要求（コンプライアンス）
●人権，労働分野や環境に深刻な影響を与える事項（例：人の命や
　健康，財産保全など）
●優先課題の決定にあたっては上記に加え，国連グローバル・コン
　パクト10原則とISO26000の７つの中核主題などの国際行動規
　範，また，取引先からの要求事項も考慮し検討すると，CSRの取
　組みが包括的でグローバル基準に沿ったものになります。

持続可能な社会の発展に貢献する企業経営の実現に向けた
優先事項（マテリアリティ）の分析と決定

　CSR活動の改善と会社の長期ビジョンの実現のためには，持続可能な
社会づくりと経営戦略の２つの視点から，重要な課題と事項を確認し経
営上の優先事項を明確化することが求められます。この分析は専門用語
でマテリアリティ分析といわれている手法です。次頁に“マテリアリ
ティ・マッピング・プロセス”の例をご紹介します。優先課題や分野の
特定は，資源制約のある中小企業にとっては段階的なアプローチをとる
ための有効な施策となります。

　以下の２軸の視点で重要な課題や分野をマップ上にプロットします。
その結果，両方の軸で優先されている事項（図の右上方の象限）が経営
にとっての最優先事項として特定されます。

1．（縦軸：上方にいくほど重要性や影響度が高まる）ステークホルダー，
　社会，環境への影響やステークホルダーからの期待事項（ニーズ）
　や要求，地球規模のサステナビリティ関係の課題（SDGsや地球温
　暖化問題に関連するパリ協定など）の中で優先事項を列挙します。
　特に最重要ステークホルダーである従業員（取引先の労働者も含む）
　については，人権，労働の観点から影響を与える要素や関連事項，
　また従業員からの期待や要求事項等を考慮することが求められます。
　第２章の労働CSRによる組織点検事項（７分野，41実践項目）から
　中長期的に重要な事項を特定する方法も活用できます。
2．（横軸：右方にいくほど重要性や影響度が高まる）会社のビジョン，
　戦略，資源，リスクと機会の観点からの会社への潜在的な影響度に
　ついて，上述の縦軸で列挙されたステークホルダーからの期待や要
　求事項等を精査し，重要で優先すべき事項を確認します。

マテリアリティ・マッピング・プロセスの例
以下の視点て重要な課題や分野をマップ上にプロットする

縦軸　会社や事業が及ぼすステークホルダー，社会，環境への影響やステークホルダーからの期待事項（ニーズ）や要求，地球規模のサステナビリティ視点の課題（SDGsや温暖化問題に関連するパリ協定など）

横軸　会社のビジョン，戦略，資源，リスクと機会の観点からの会社への潜在的な影響度

●未解決のステークホルダー関連の課題
●顧客や他のステークホルダーからの要求事項
●サステナビリティ視点での重要課題：SDGsやパリ協定等

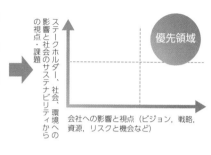

優先領域

ステークホルダー、社会、環境への影響と視点・課題のステークホルダー、社会、環境のサステナビリティの視点・課題

会社への影響と視点（ビジョン，戦略，資源，リスクと機会など）

　上述した優先課題の決定に係るプロセスをまとめると，以下のようになります。

●CSRにおける優先（重要）事項を整理します。その中にはCSRの中核的要素である人権・労働に関する項目も含まれます。その中で特に課題となる項目を決定するために，第2章の労働CSRにおける課題チェック手法が活用できます。

●これらの項目に加え社会の持続可能性の観点で，長期経営に影響を与える重要課題等について，上記のコラムで紹介したマテリアリティ・マッピング・プロセスの手法などを活用し明らかにします。

具体的には，社会の持続可能性とステークホルダーおよび経営（戦略）の2つの視点から優先度や影響度などを分析し，長期的企業価値を向上させるための経営上の重点・優先的課題（サステナビリティ・イシュー）を特定することになります。これによってCSRと経営との融合化が進み，かつ経済価値と社会価値を両立させる長期的企業価値の創出に向けた持続可能な経営（サステナビリティ・マネジメント）に向けた第一歩につながります。

それは，社会の持続可能性とステークホルダーへの価値創出の観点で会社の持続可能性も確立するために，会社の改革をどう進めていくかという中長期計画として理解してもよいでしょう。

ステップ5　CSRを組織に統合します

まず，アクション計画を立案します。

- ●ステップ４．で明らかになった課題を解決するためにはどのような施策やアクション事項等が必要か，それらの計画を検討します。その具体的な計画の立案の下に実現すべき中長期と短期の目標（インパクト）を定めます。主要成果目標に係る指標（Key Goal Indicator：KGI）を設定してもよいでしょう。
  また，その進捗を測定するための主要パフォーマンス指標（Key Performance Indicator：KPI）を中期と年度ベースで設定します。
- ●計画は現実的で実効性のあるものにします。パフォーマンスに係る指標（KPI）と成果目標に係る指標（KGI）の設定にあたっては定量化が望ましいのですが，それが難しい場合は，定性的な指標も考慮します。
- ●実行に向けて必要な資源（資金，時間，権限を持つ人）を配分します。
- ●計画の終了時期と評価の期限を設定します。ステークホルダーへのフィードバックは重要ですので，その時期や計画も含みます。
- ●「計画」は将来の公式レポート（開示）とステークホルダー・エンゲージメントのベースライン（起点）になります。経営幹部チーム，ステークホルダー，レビュアー（監査者や評価者など）は，CSR活動を進める中で，継続的な進捗へのコミットメントを評価するために本計画を起点に比較し，進捗を確認します（ステップ６．を参照）。

CSRを組織全体と取引先に周知・徹底（統合化）します。

●経営トップと役員の関与及びリーダーシップが前提条件となります。
　資源を配分し，主な課題と中核主題ごとの責任者を明らかにします。
●現実的には，既存のマネジメントシステム（環境，労働安全衛生，品質など）を最大限活用することが有効です。
　これらをまとめた統合マネジメントシステムは，費用対効果の優れたPDCAマネジメントを実現しますので検討に値します。
●役員と従業員や，取引先のための教育プログラムと気づきのための研修などを計画し実行します。経営トップはCSRへの約束（コミットメント）を社内外に頻繁に発信することが求められます。
●教育プログラムは，CSRの要素（法令・倫理的コンプライアンス，環境，人権，労働安全衛生，健康経営，物理的／サイバー・セキュリティ，BCP，製品品質と安全性など）や課題に分解して展開すると従業員が理解しやすく，具体的なアクションにつなげやすくなります。
●従業員とのエンゲージメント（目的ある対話や労使協議会など）は，CSRの経営への統合化にあたって重要となる事項です。また最近は，多くの企業が従業員のボランティア活動を重視する傾向にあり，従業員の社会貢献活動への参画も検討に値します。これらは，生産性やモチベーションの向上，チームワークやプライド感，また，事業拠点や従業員の生活拠点であるコミュニティからの信頼感や従業員の社会課題への感度の醸成にも貢献します。
●取引先に対し，教育プログラムでの能力向上などへの配慮や支援も重要となります。

●業界団体などをとおして他の企業との連携も考慮すべきです。自社だけでは対応が困難なときも業界全体で連携することで取組みが進む場合もあります。また，業界全体で取り組むことで知見の共有化なども進みます。

ステップ**6** CSR活動をレビューします（振り返り）

　CSR活動をレビューし，また進捗状況（パフォーマンス）の評価と検証を実施します。そのために社内の監査プロセスを確立し，監査を実行します。

　以下のような既存のマネジメントシステムを最大限活用し，それらを社内の監査プロセスに組み込んでいくことが費用対効果を高めます。

●経営監査
●環境，労働安全衛生，品質などのマネジメントシステム

　CSRチームあるいは統合的マネジメントの実務担当責任者は，統合的なマネジメントシステムを自ら創り上げ，CSRに関連するマネジメント全体を監視し，また，継続的な改善に向けてのPDCA管理を実践していくことが求められます。

　経営トップと役員は監査結果について評価と検証（レビュー）を実施します。

　レビューの成果を高めるために，重要課題に関連するステークホルダーを関与させることが求められます。
　たとえば，従業員に関する取組みについては，労働組合や従業員あるいはその代表に振り返りの業務等に関与してもらうことが活動

の効果を高めていきます。

　また，重要課題や分野については，組織外の専門家や有識者などに評価や意見を求めることによって評価の客観性や中立性などが担保されます。さらに改善に向けての外部視点からの貴重なアドバイスを得る機会にもつながります。

　さらなる改善事項を確認し，PDCA改善マネジメントサイクルの起点として活用します。

CSR活動を評価した後，レポートを作成します。

　ISO26000で規定されているように，レポーティングは経営や活動の透明性を高め，また，ステークホルダーへの説明責任を果たすためにもCSR経営の実践上絶対不可欠な部分です。

　さらに，社会責任への約束（コミットメント）を示すためにもレポーティングは重要です。

　レポートの編集や発行にあたっては以下のような観点に留意することがレポーティングの有効性につながります。

- ●レポートは手短に，読み手の立場に立って，また，ステークホルダーからのアクセスにも配慮します。

  その場合，必ずしも印刷媒体で発行する必要はなく，インターネットやオンラインでの発信も有効となります。

- ●まず，ターゲットとなる読み手を明確化することが効果的なレポートには必要です。

  その場合，ステップ３．で特定された重要ステークホルダーへの説明責任を果たすという点から，重要ステークホルダーはターゲットとなる読み手となります。

- ●特に従業員は重要で最優先すべきステークホルダーであり，その点からも重要な読み手となります。CSR理念を組織に統合化するためには従業員の理解や行動が不可欠ですので，従業員を主要な読み手としてわかりやすい報告や情報発信をすべきです。

- ●レポートはインターネット等で公開します。

他に留意すべき事項は以下のとおりです。

●ISO26000では，７つの中核主題すべてに対する取組みを求めて
いますので，これらのすべてについての達成度を明確化し，報告
します。

　７つの中核主題のうち報告書で取り上げられていない主題があれ
ば，なぜそうなのかという理由を説明し，将来の特定のタイミン
グで当該分野について評価する約束を表明します。

　また，問題箇所を明らかにし，報告することはステークホルダー
からの信頼の獲得につながります。

●CSR活動の中で従業員等のステークホルダーをどのタイミングで
どのように関与させたかを記載します。"将来計画"といったよ
うなセクションで将来の改善計画を説明します。

　それに基づき将来レポートでその進捗を説明することになります。

●ステップ３．とステップ６．にも記載のとおり，ステークホル
ダーの関与や検証は活動の実効性を担保するために重要な取組み
です。それらが容易に実施されるようわかりやすいレポートづく
りが求められます。

　また，外部の専門家による検証の可能性も視野に入れてレポート
を作成することが期待されます。

　CSR活動に関するレポートを，財務報告のためのアニュアルレ
ポートと統合し「統合レポート」として発行することも考慮してい
きましょう。「統合レポート」は，企業が従業員を含むステークホ
ルダー，社会との長期的な共有価値をどう創造するかについて説明

するためのツール（媒体）です。

　CSRや労働CSRが経営そのものに統合化されていることを説明する意味でも統合レポートを活用すべきです。

　投資家や格付機関を中心に，ESG（Environment：環境，Social：社会，Governance：企業統治）への取組みによる企業価値の拡大に基づく企業評価や投資への関心が世界的に高まっています。

　その意味でも，上場企業の場合は，特に株主，投資家は主要な読み手（ターゲット・リーダー）として考慮されるべきです。

Labour
CSR
Guidebook

好 事 例 集

　本章では，今まで述べてきたことが具体的にどのような形で現れるのかを，いくつかの実例を示すことによって理解の一助としますが，ここであげた事例はすでに存在する労働CSRの実践をいくつか抜粋したもので，決して網羅的ではありません。また，優れて模範的であるという意味でもありません。

　第2章であげたP38〜39「労働CSRの内容（コンプライアンス・プラス）」の表に入っていながらも，それについての例が出ていない場合も多々あります。

　それは，しっかり労働CSRを実践している企業がたくさんあるにもかかわらず，本ガイドブック作成過程で見落としたこともありますが，社労士等の方々による労働CSR普及活動が本格化すれば，もっと多くの好事例が出てくることでしょう。

　逆に言うと，まだ労働CSRの概念が明確に意識されていないにもかかわらず，これだけの好事例が集まるということは，知らず知らずのうちに企業がすでに実践しているということを意味し，これからの普及活動にとって追い風となります。

好事例集分類表

	会社	内容	組織点検の実践項目
1	ビルメンテナンス事業，鳥害対策事業，保育事業，デイサービス事業	ES（従業員満足）とモチベーション向上を目指した「教える，認める，褒める，必要とされる」社内文化づくりを推進	3．適正な労働条件とその改善 　(4) 育児・介護休業制度の改善の方針と運用 4．人材育成と職業訓練の推進 　(4) 社会参加型ボランティア（プロボノ）活動の制度
2	婦人服の製造・販売	育児世代が多いアパレ	3．適正な労働条件とその改善

		ル業界における両立支 援制度の見直し	(4) 育児・介護休業制度の改善の方 針と運用
3	施設管理・ビルメン テナンス	高齢者が生き生き働け る職場環境の整備	2．雇用と就労の安定と改善 (3) 高齢者の雇用の延長と改善
4	パッケージの製造	高齢者の職場環境の整 備〜若手社員への技術 の伝承〜	2．雇用と就労の安定と改善 (3) 高齢者の雇用の延長と改善
5	不動産業	若年社員の育成・定着 策等	4．人材育成と職業訓練の推進 (1) 能力開発に関するプログラムの 改善と運用 (2) 職業能力（エンプロイヤビリテ ィ）向上とキャリア形成支援
6	印刷関連事業	CSRに通ずる社是 『共生（ともいき）』	1．労働における人権の保障 (5) 外国人労働者への対応方針と運 用 2．雇用と就労の安定と改善 (4) 障がい者の雇用改善 4．人材育成と職業訓練の推進 (1) 能力開発に関するプログラムの 改善と運用 (2) 職業能力（エンプロイヤビリ ティ）向上とキャリア形成支援 (4) 社会参加型ボランティア（プロ ボノ）活動の制度
7	製造業 （金属加工業）	従業員が働き方を考え 選べる制度，子連れ出 勤制度で子育て支援， 3S活動＆SDGs活動の 推進	3．適正な労働条件とその改善 (4) 育児・介護休業制度の改善の方 針と運用 5．労使対話の推進 (4) 労働者向けの個別の相談窓口の 設置と運用
8	製造業	残業時間ゼロでワーク ライフバランスを推進， 京（きょう）から取り 組む健康事業所宣言	3．適正な労働条件とその改善 (1) 労働時間・長時間労働の把握と 改善 (5) 病気と仕事の両立の制度導入 6．労働安全衛生の確保と改善 (5) 快適職場づくりと健康経営の推進

ES（従業員満足）とモチベーション向上を目指した「教える，認める，褒める，必要とされる」社内文化づくりを推進

会社概要

[会 社 名] 株式会社ベル   [従業員数] 239名

[所 在 地] 大阪府東大阪市   [事業内容] ビルメンテナンス事業，鳥害対

[創　　業] 平成4年   策事業，保育事業，デイサービ

[資 本 金] 1,910万円   ス事業

取組みの経緯

　かつてバブル崩壊の影響を受け，倒産の危機にあった際，何を大切に考えて経営を行うべきかを改めて考え，目先の売上よりも社員が誇りを持ち，幸せを実感できる会社をつくるという経営方針にシフトした。社員は大切な家族の一員だからこそ1人ひとりの個性を認め，尊重し，良いところを伸ばし，成長してもらうことを目指した取組みを開始した。

取組みの概要

1．ES（従業員満足）とモチベーション向上を目指した組織づくり

　自社の価値観や行動規範を「ゴールドスタンダード」にまとめ，毎朝の「元気になる朝礼」などで浸透を図っている。

　通常の就業時間内に本社スタッフと現場スタッフであるクリーンキーパーの分け隔てなく開催される「全社員大会」「誕生日会」「社内イベン

ト」「表彰制度」「社内報」などで顧客から認められ，褒められ，必要とされることをしっかりとフィードバックできる仕組みで組織づくりを図っている。

2．顧客への感動を生むビジネスプロセスづくり

クリーンキーパーに対する顧客からの評価を作業現場の定期巡回によって集めて，顧客の称賛を「ハッピーコール」として公開して，「毎月の社長賞」や「年間優秀賞」などによって表彰するとともに顧客への感謝の手紙を送っている。また，清掃作業前の事前コール，緊急時の交代，苦情や突発事故に対する即応体制など，顧客の感動を生むきめ細かなプロセスを実践している。

3．情報共有と労使対話の推進

毎月発行している「社内報」には本社から離れて仕事を行う現場スタッフであるクリーンキーパーの体験した成功や失敗，疑問などに対して関わる本社スタッフが返答するというコーナーを設けており，切り取ってそのまま書き込み発送できる受取人払いの社長直送のDMハガキを社内報に掲載して社長や会社に対する意見や要望を集めている。

4．共感できる人材づくりの推進

「採用に勝る教育はなし」との考えから，本社スタッフはもとよりクリーンキーパーについても全員，採用を重視して取り組んでいる。採用内定後に親御さんやご家族にもあいさつに行くなど，価値観を共有できる人材を採用することに努めている。従業員の成長を人間的な成長とプロとしての専門性の側面の成長と捉えている。

目標設定や人事評価制度は「その人をどのように伸ばすか」を主眼にしたものとなっていて，年2回の評価の際に，その人に関わる上司数人が会議で評価基準を共通化することと目標設定に適切に反映することを

意図して，事前および事後の2回の個人面談を実施している。全就業時間の10％を研修教育に充て，人材育成に取り組んでいる。

5．女性活躍の推進

女性が活躍する職場でもあり，子育て応援のための企業主導型保育園も運営し，女性が安心して働ける環境をつくっている。

6．健康づくり支援

社員の健康支援を目的に，社内に自力整体のインストラクターを招いた研修を毎週行い，地域の経営者も参加している。

【その他の社会貢献活動】

• ボランティア清掃活動

毎日の本社周辺の清掃以外に，月に2度，周辺を広域にわたって清掃している。地域貢献活動として，本社スタッフが実施している。

• 除菌CELA水の無料提供

地域貢献活動の1つとして，新型コロナウィルス感染予防効果がある，除菌消臭に効果のあるCELA（セラ）水を地域住民に無償で提供している。持参したタンクなどに自分で蛇口から注いで持ち帰ることができるようにしている。

取組みから得られた効果

社員が成長することで顧客にも良い影響を与え，社会全体を「明るく元気にする」ことができると考えて取り組み，無理なく会社を成長させたため，経営理念は浸透し，社員1人ひとりの力も高まり，現場での自主性も高まり，社員同士のコミュニケーションがよくなって，組織としての総合力（信頼関係）が高められたことによりサービスの質が向上し，

顧客満足が高められた。

　離職率が低下して社員の定着にもつながっているため，クリーンキーパーには15年以上の勤続を経て職業生活を終える方もいる。

　会社の姿勢はコロナ禍で試された。病院などの清掃現場で働いている高齢従業員の感染リスクが高まり，本人だけでなく家族も不安になった。しかし，このような時こそ役に立てるのが企業としての存在価値だと考え，感染予防対策を万全に行い，清掃だけでなく消毒作業も引き受けた。コロナによって激減した以上の仕事の依頼につながった。

　愛と感動のビルメンテナンス"ありがとう！""そこまでするか！""さすがプロ！"をコーポレートスローガンに日本一の感動企業を目指している。そして，関わるすべての人が幸せに暮らす「ベルシティ」を実現し，存在そのもので社会に貢献することを目指している。

　従業員とその家族の生活の安定につながり，それが社会に還元されるという好循環が生まれ，労働CSRの実践とも重なっている。

好事例 2 育児世代が多いアパレル業界における 両立支援制度の見直し

【コンプライアンスプラス】育児・介護休業制度の改善の方針と運用

[所 在 地] 東京都渋谷区

[事業概要] 婦人服の製造・販売

[従業員数] 150名

[事業所（店舗）数] 全国30ヶ所
（ほぼ百貨店の中の店舗）

[職　　　種] 販売，営業，企画運営，デザイナー・パタンナー，管理部門
※20〜30代の女性社員のほとんどが販売職

[就労条件]
（勤務時間・
休日数） 販売職／１年単位の変形労働時間制

年間休日96日

９：00〜22：00の
間で７時間45分の
シフト制

企画運営／企画業務型裁量
労働時間制

管理部門／完全週休２日制

　20代の婦人服を扱うアパレル（製造から販売まで）であるため，販売職のほとんどが20代〜30代前半の女性である。数年前までは結婚退職する女性が多く，店長職に就く者はキャリアを積んだ一握りの独身女性のみであった。しかし，最近は人手不足の影響もあり，積極的に育休取得

を推進してきた。結果，未就学児を育てる女性の割合が増え，これまで
の勤務条件を受け入れられる社員が減り続けている。

　百貨店であるため，多くの会社員が仕事を終える18時以降，土日祝日，
年始のセールなど，子育て世代にとって一番苦しい時間帯・曜日帯が繁
忙となる。これまでは子育て世代には販売職は難しいため，若手の新人
を多く採用して短いサイクルで販売社員の雇用を進めてきたが，新卒採
用も難航する中で育児世代の中堅社員の就業条件の見直しが急務となっ
てきた。

育児介護休業規程上の問題点

　育児・介護休業法の基準に沿った規程を運用してきたが，以下のよう
な問題点が洗い出された。

- 保育園の開所時間内では営業時間が収まらない。
- ３歳までの時短勤務，小学校就学始期までの所定外労働の制限制度
  ではカバーできず，両立が難しい。
- 店長や管理職まで昇進する女性はみな独身のため，復帰後の昇進イ
  メージを持ちづらく，育休復帰後はみなキャリアが停滞する。
- 時短勤務制度を請求しつつ時間帯も固定されるため，シフトの偏り
  が生じる。

　給与については時間分が減るだけなので，「時短勤務者のほうが楽」
というイメージも強く，フルタイム勤務者の不満も増幅している。

育児介護休業規程・賃金制度の改定

- 生活を重視し，子育てとのバランスを取りたい社員と，子育てをし
  ていても夫婦の協力や周囲の支援を得ながらキャリアを伸ばしてい

くコースに分けて報酬体系を策定。これにより自分の生活観・仕事観に合わせたキャリアを選択できるように。

両者の不公平感は報酬体系の見直しによって解消。

- 育児時短を3歳から小学校就学始期まで，時間外労働の制限を小学校就学始期から中学校就学始期までに延長。
- 夜間の勤務者に対してはベビーシッター代を補助。
- 育休復帰者の両立生活インタビューを若手社員に紹介したり，新人のうちからキャリア教育（働き方のコースの紹介と仕事のやりがいの見据え方の紹介）を実施したりし，人生設計とキャリア展望を早期から実施できるように。

得られた効果

キャリアと育児の二者択一ではなく，自分の自由な意思で働き方を選択できるように，育児中の女性＝ペースダウン，という働き方だけでなく，「頑張りたい人は頑張れる。それを会社が全面的に応援・評価する」「職業人生の一時期をペースダウンすることを否定せず，戻れる状況になるまで受け入れる」という柔軟な企業文化が生まれ，多様な働き方，キャリア選択ができるように変化した。

平均勤務年数，育休取得率・復帰率，女性の管理職比率，すべてが上昇する結果に至った。

好事例
3

高齢者が生き生き働ける職場環境の整備

会社概要

[会 社 名] 株式会社M　　　　　[従業員数] 300名
[所 在 地] 福岡県福岡市博多区　[事業内容] 施設管理・ビルメンテナンス
[創　　　業] 昭和41年　　　　　[企業理念] 社会貢献
[資 本 金] 3,000万円

取組みの経緯

　福岡市をはじめ，多くの自治体から施設管理等の業務委託を受ける同社では，社員の採用について安心できる安定した人物像を基準として採用してきた経緯がある。

　その結果，必然的に面接でのハードルを高くしなければならず，その条件で採用活動を進めていくと，同社の全社員に占める高齢者の割合が増加した。また，施設管理に対する自治体からの要望も変化し，以前は委託契約どおりに施設管理しておけばよかったが，施設利用者へのサービスなどが求められ，施設内で利用者へのあいさつやコミュニケーションが求められるようになった。その点，高齢者は職業意識も高く，決められた役割をきっちりこなすだけでなく，コミュニケーションも取れている。どうしても若い社員が転職していく中，高齢者は定着率も高いことから戦略的に採用していくこととしている。

取組みの概要

　当初，同社は清掃・ビルメンテナンス業が中心業務だったが，顧客を幅広くサポートできる強みを生かし，総合的な施設管理会社を目指し，民間の清掃やビルメンテナンスだけでなく，自治体の施設管理などの指定管理者業務も増やすことができた。

　その業務を受託していくためには積極的な高齢者活用が必要であり，良い人材を採用するために，定年後の雇用延長や勤務時間・勤務日数において高齢者が働きやすい職場環境を整え，積極的に採用活動を行っている。

取組みの内容は

1．勤務時間の柔軟化（勤務日数・勤務時間）
2．短時間正社員制度の導入
3．健康管理の充実（健康器具の購入や健康診断の補助）

好事例 4

高齢者の職場環境の整備～若手社員への技術の伝承～

会社概要

[会 社 名] 株式会社A
[所 在 地] 福岡県北九州市
[創　　業] 昭和30年
[資 本 金] 5,000万円

[従業員数] 150名
[事業内容] パッケージの製造

取組みの概要

　同社には，創業以来，長年勤務し高度な技術を蓄積した社員が多く存在している。

　また，60歳の定年を迎えてもなお，働く意欲が高い優秀な人材も数多くいる。しかし，同社の従業員構造からこうした高度な技術を保有している社員の高齢化が進み，退職により，会社の保有している技術が失われるリスクが高まっている。単にマニュアルの活用だけではそれらの技術は伝承できないため，若手社員にベテラン社員からOJTを通じてマニュアル化できない技術者ならではの細かな技術を伝え，技術水準を維持しながら，会社の強みを伸ばしていくことを考えた。

　また，若手社員とベテラン社員がチームを編成することで，技術面だけではなく，創業時からの仕事に関する良い価値観や考え方を伝承していくことも取組みを進めるきっかけとなった。

取組みから得られた効果

　同社では，60歳以上の社員割合が増加している。ベテラン技術者が身につけていた優れた技術や経験を次の世代の若手社員にいかにして伝承していくべきかを検討した。

　その結果，ベテラン社員に基本2名の若手技術者をつけ，チームを編成し，業務内容・手順，コツ，作業内容から管理項目に至るまで，一連の作業の流れをチームで，マニュアルをもとに共有を図っている。また，こうした一連の作業で新たに気づいた若手ならではのノウハウをマニュアルに落とし込むことで，ベテラン社員がつくった製品とほぼ同程度の性能・品質を維持することが可能となった。

取組みの内容は

1. ベテラン社員と若手社員でチームを編成し，OJTなどを通じて価値観の共有
2. ベテラン社員は，体力面を考慮し，勤務時間の短縮を行うなど，職場環境づくり
3. 60歳定年を超えても本人の意思により働き続けることができる再雇用制度の確立
4. 働き方については，勤務可能な時間など柔軟な働き方ができる制度の導入
5. 健康増進・管理の補助

若年社員の育成・定着策等

会社概要

[会 社 名] 株式会社P
[所 在 地] 福岡県福岡市中央区
[創   業] 平成13年
[資 本 金] 500万円

[従業員数] 20名（パート6名を含む）
[事業内容] 不動産業

取組みの経緯

　働きやすい職場を目指すことにより，結果的には生産性の向上につながる。働きやすい職場にするためには，社員に対する仕事の評価を適正に行うこと（評価制度）とスキルアップの制度（人材育成制度）がある。社員，特に若年社員に将来がイメージできる会社づくりが重要であると考え，若手社員に対する育成（キャリア）制度の構築に取り組むことを決定した。

取組みの概要

　同社では，主に若手を育成する観点から，次の取組みを行っている。

1. 目標管理シートを活用して，スキルアップを図るため，年間の自己目標を記入させ，その達成状況を評価し，賞与の算定や昇給の資料に活用している。また，個人面談を実施し，仕事の進め方や

各職場の環境等について意見を聞き，働きやすい職場づくりに活用している（目標管理制度と人事評価制度）。

2．研修として，先輩が日々OJTを繰り返し実施している（メンター制度）。さらに，上司やベテラン社員も積極的に活用して，研究会などを開催している。また，自主的に外部の研修に参加を希望する場合は，参加費等の費用を会社が負担する制度を創設した（研修参加サポート制度）。また，必要な文献を購入したい場合は，参考図書費用サポート制度も新たに設けた。

3．資格等を取得するために教育機関に通いやすいようにワークライフバランスには力を入れ，また，男女とも育児休業・介護休業を取得しやすい雰囲気づくりに積極的に取り組んでいる。

4．契約社員やパート社員の非正規社員に対しても，正社員に登用する制度（正社員登用制度）を設けて，家庭環境等で就業を制限されている優秀な非正規社員に対して積極的に人生のステージに合わせた働き方ができるような制度の構築を行っている。パート社員に対しても適正な評価制度を構築している。

CSRに通ずる社是『共生（ともいき）』

会社概要

[会 社 名] 株式会社フジプラス [従業員数] 158名
[所 在 地] 大阪府大阪市 [事業内容] 印刷関連事業
[創　　業] 大正12年
[資 本 金] 8,900万円

取組みの概要

　フジプラス社（以下「F社」）は，印刷業を中核事業とし，マーケティング支援など印刷で培ったノウハウを活用したソリューションビジネスを提供している。

　印刷業は一般的には厳しい経営環境の中にあるのだが，F社はその中にあり，「共生（「ともいき」と読む）」を社是として，『人は一人では生きていけない』という考えをもとに，1，共に栄え，2，共に生み出し，3，共に助け合うことを目指し，人間性の向上と他利優先の精神をモットーに社業に邁進している。

　中小企業の中にも，創業以来の社是を掲げて社内における事業推進の規範としていることが多々ある。創業当初この社是が，CSRという今日的な価値基準に照らしてつくられたものでは当然にないのだが，おそらく創業者の智慧で「企業の持続可能性」の根元に必要とされる要素を見

極めて経営の根本原理に取り入れている典型的事例といえる。ここには，ワークライフバランス，均等雇用などのCSRの基本要素が多く取り入れられている結果，本研究におけるCSRにおいて求められる基準を多くの部分で満たすことになっている。

取組みから得られた効果

「共生」という社是は，クレドという企業の価値観を具体化した小冊子に，互恵の精神，ステークホルダーとの関わり，ワークライフバランスなどに対する社員としてのあるべき姿勢が例示されている。

当然に，CSRを考える際の，労働関連諸法令に基づくコンプライアンスの部分は言うまでもなく満たしている会社であるが，「共生」の精神に則って表されるコンプライアンス＋αの部分にスポットを当ててF社の取組みのいくつかを紹介してみたい。

A．公平採用の視点

⑴　国連難民認定を受けたベトナム人を採用し，雇用維持している。
　　その他，外国人社員を日本人と同じレベルで活躍してもらえるように，雇用環境に配慮している。

⑵　平成27年知的障がい者を高卒で雇用し，本人に適した作業をアジャストし，継続的に活躍してもらっている。

⑶　精神疾患2級の障害を持つ人をデザイナーとして採用し約10年継続雇用している。
　　会社は，雇用環境に配慮し，本人の希望や状況に応じ柔軟に雇用条件の変更などを実施している。いったん退職したが，周囲の社員からの期待もあり，再就職し現在も活躍している。

(4) ベトナム人技能実習生が5年前から工場に採用され，社員が実習生とさらに強くコミュニケーションを取るべく，配属工場において，ベトナム語の講師を雇い，日本人社員の中で学習会を開催している。

　　これも，実習生を単に間に合わせの労働力と見ておらず，職場の仲間として，外国人技能実習生とも「共生」することを目指した取組みである。

B．社会貢献に関する視点

(1) 大阪赤十字病院への寄付活動
(2) カンボジアへの学校建設（社員参加）
(3) 聾唖の方へのコミュニケーションを学ぶツールとして「シュワットカード」という商品を社員の発案で，社会福祉事務所や学校と連携してカードゲームをしながら手話を学べる商品を開発した。

　　これは，儲けるということよりも社会に役立つものをつくるというところにF社の「共生」の理念が生きている。

C．採用と雇用維持の視点

(1) 2013年から，厚生労働省の「若者応援企業」に認定され，NHKにもその取組みが紹介された。適切な雇用環境の整備と，多様な教育機会を設けて，社員の成長を応援する取組みも実施している。
(2) 2018年大阪府の雇用労働部が，中小企業でありながら，障がい者や外国人を常時順調に採用し，かつ雇用維持できている企業として調査研究に入った実績がある。
(3) 年に1回社員大会があり，ここで職場での効率化のみならず，自主的な学習の成果や工夫を共有する機会を持ち，基本理念の「共生」の

精神を醸成する機会となっている。

中小企業におけるCSRの実践

　考えられる労働CSRすべての要素を充足する組織は，なかなか簡単には見つからないと思われるが，Ｆ社のように会社の社是が，無意識のうちに会社のソフトローのような役割を果たし，会社のあるいはすべての社員の活動の根底にこの意識が息づき，景気の動向や産業の浮沈にも影響されない，困難な時にも社員が一丸となり智慧を出し乗り越えていく根源的なエネルギーになっていると思われる。

　Ｆ社のように，自覚なしに，CSRを実践している事例は多々あると思われる。その本来的に備わった良質の組織風土を手掛かりに，さらに，CSRの中で提唱される他の領域の活動を伸ばしていく，あるいはすでにいろいろな取組みをしながらＦ社のように100年企業となろうとするところから，新たなCSRの要素を見出し，労働CSRの実践として発展させていくアプローチも考えられよう。

従業員が働き方を考え選べる制度
子連れ出勤制度で子育て支援
3S活動＆SDGs活動の推進

会社概要

[会 社 名] MDプレス工業株式会社　　[従業員数] 9名（パート3名を含む）
[所 在 地] 京都府木津川市　　　　　　[事業内容] 製造業（金属加工業）
[創　　業] 2015年7月
[資 本 金] 400万円

取組みの経緯

　2015年に廃業する下請企業を元請企業が買い取り，2017年に現在の代表取締役が引き継ぎ，2018年に木津川市に移転。代表取締役の本業は業務改善コンサルタント。引き継ぎ時点で月100時間超あった残業時間をゼロにすることから始め，あらゆる見直しを行いIT化も進めることで，2018年末には残業ゼロ時間を達成した。

　次に，従業員の定着の問題に取り組み，代表取締役が本業で不在であっても，組織として機能できる会社にするため，従業員との対話—「援助」と「相談」—を重視し，毎月の個人面談，毎週オンラインで全体会議を開催，会社の財務情報その他あらゆる情報の共有を図り，意見をみんなで出し合い問題を解決していく方式がうまく機能するようになり，従業員の定着につながっている。

1．従業員が働き方を自ら考え選べる制度

　従業員が自ら働き方を選択できる制度を導入している。採用時に会社理念，ミッションを説明し，それに沿っていれば，働き方は自ら選ぶように説明。現在，事務・営業部門は3名で，コアタイムのないフレックスタイム制を選択している。製造部門は4名，部門内で話し合って，始業8時，終業16時40分を選択し勤務している。残り2名はワークショップチームで，ワークショップ等のイベント開催時のスタッフのため，開催時のみ勤務するパート従業員である。

2．人材育成

　代表取締役がコンサルタントとして実践している教育方法により，人材育成を重視して行っている。OJTだけでなく，Off-JTを積極的に活用し従業員教育に取り組んでいる。SDGsについては，2019年から外部の専門家のセミナーを受講し，会社としてどのように取り組み，実践していけばよいかを従業員に考えてもらう等，従業員教育の一環としても取り入れている。

3．子連れ出勤制度で子育て支援

　子育て中の従業員の申出により，子連れ出勤制度を導入し，現在4名が該当者である。会社の2階の一角に託児スペースを設置，子どもが託児スペースから離れても安全なように，事務所にもカーペットを敷いて子ども用のスペースを確保し，工場内以外は子どもがどこに行っても安全に過ごせるように対応している。

4．従業員のための相談窓口の設置

　代表取締役の不在を補うため，外部の専門家と契約し，従業員が困ったときはいつでも相談できるように体制を整えている。

5.3S活動＆SDGs活動

2021年度の3S活動理念として「3S活動を通じてダイバーシティ経営を推進する」を掲げ，3S活動をとおして人材育成を進め，その成果を3S工場見学会「オープンファクトリー」として開催している。3S活動推進協会にも加盟している。

2019年秋に，工場敷地内を利用した，地域とつながるオープンマルシェを開始し，2021年2月には木津川PORTもオープン，京都府の認定を受けたコワーキング＆レンタルスペースとして運営している。また，SDGs活動推進の一環として，自社だけでなく地域の企業とも連携し，工場から出る廃材を活用した「ものづくりから広がるワークショップ」を開催し，地域連携，地域貢献を進めている。

6．その他の取組み

パート従業員についても，短時間勤務というだけの差であると考えて，労働条件について，正社員と同一の処遇にしている。現在スキルマップを作成中，賃金制度の整備を進めている。

取組みから得られた効果

会社理念，ミッションに沿っていれば，従業員が自ら考えて仕事を進めていく自律性を尊重した働き方を推進しており，従業員のワークエンゲージメントも高く，働きがいのある職場となっている。

社名のMDは，Making Dreamの略で，会社はそこにかかわる人の夢，未来を形にするのを応援するためのステージとの位置づけで，それが労働CSRと重なり，従業員の成長が企業の成長となり，それらを地域・社会に還元していくことで地域連携，地域・社会貢献する企業として，これからの活躍が期待される取組みの事例である。

残業時間ゼロでワークライフバランスを推進，京（きょう）から取り組む健康事業所宣言

好事例
8

会社概要

[会 社 名] Y株式会社
[所 在 地] 京都府久御山町
[創　　業] 昭和48年（1973年）
[資 本 金] 1,000万円

[従業員数] 30名
[事業内容] 製造業

取組みの経緯

　昭和の時代は工場をフル稼働する企業が一般的であった中で，創業時より，深夜は睡眠の時間との視点から，仕事と私生活の両立に重点を置き，ワークライフバランスの推進に取り組んできた。残業が発生しそうなときは，早めの求人を心がけ，速やかに人材確保につなげ，残業が発生しないよう対応している。また，一斉付与方式による計画的年次有給休暇制度を導入し，年次有給休暇の取得促進にも努め，取得率も良好に推移している。

取組みの概要

1．残業時間をゼロに

　平成9年4月から法定労働時間が全面的に週40時間制（特例対象事業場を除く）適用となったが，Y社は当時まだ隔週休2日制で，変形労働時間制（1日の所定労働時間7時間45分）を採っていた。その後，平成

14年3月から，完全週休2日制とし，年間休日日数125日，1日8時間・週40時間労働に変更し，週1日のノー残業デーも導入し，ほぼ残業時間ゼロを更新している。

さらに，年次有給休暇の取得率も政府の進める働き方改革前から良好に推移している。

2．人材育成

OJTだけでなく，Off-JTとして，また，従業員の自己啓発を支援するため，通信教育，eラーニング，DVD視聴，外部セミナーや研修受講等を積極的に活用し，従業員のキャリア形成を支援している。平成28年には，企業内の職業能力開発計画を策定した。

3．健康経営の推進

従業員の健康増進を図るため，「京（きょう）から取り組む健康事業所宣言」し，全国健康保険協会京都支部より宣言証交付を受けた。宣言内容は，以下のとおり。

① 法令に従い，健康診断100%受診します。

② 検査結果に基づき，再検査・要治療の従業員に医療機関の受診を促します。

③ ラジオ体操やストレッチの時間を設けます。

④ 定期のノー残業デーを設定し，定時退社を徹底します。

⑤ 従業員が参加できるレクリエーションを企画します。

⑥ インフルエンザ等の予防接種費用を（一部）負担します。

⑦ アルコール除菌液の設置やマスクを配布します。

4．休職制度の整備

健康経営の取組みとして，仕事と治療の両立支援にも取り組み，就業規則の休職規定を整備して，休職せざるを得なくなった場合も，安心し

て療養に専念し，職場復帰がスムーズに行えるように支援している。

５．労使対話を重視

　あらゆるハラスメント防止のための「ハラスメント防止規程」を整備
し，平成29年４月から施行，相談窓口を設置・運用している。また，定
期的な個別面談や全体集会等を開催し，情報共有を図り，風通しのよい
職場環境を実践している。

６．その他の福利厚生等

- 永年勤続に対する報奨制度を導入，勤続15年表彰を受ける者が近年
  続けて出ている。
- 従業員のレクリエーションや互助制度として，旅行・共済会制度を
  導入し長年続けてきている。2020年からの新型コロナウイルス感染
  症の影響で，レクリエーションは延期せざるを得なかったが，旅
  行・共済会制度は今後も続けていく。

取組みから得られた効果

　「従業員のプラスになるように」を第一に考えた，残業時間ゼロで
ワークライフバランスを推進する取組みは，従業員の仕事と生活の両立
だけでなく，従業員とその家族の生活の安定につながり，それが社会に
還元され，最終的には企業の成長につながる好循環が生まれ，労働CSR
の実践とも重なっている。

　残業時間ゼロ，ワークライフバランスの推進，人材育成，健康経営の
推進等の取組みによる労働CSRの実践により，従業員の定着も進んだ。
数年前から，世代交代の時期にさしかかっていたが，人口減少・少子化
で採用難の時代にもかかわらず，採用を進め，人材を確保できたことで，
順調に世代交代を進めることができた。常に，従業員のプラスとなるこ

とを選択してきた小さな取組みが，労働CSRと重なり，企業の持続可能
性を高める結果となっている事例ということができる。

労働CSRガイドブック用語集

（※1）**実定法**

自然法との対置で語られる場合が多いが，（国内法，国際法両方における）制定法及び慣習法がそうである。手続法の対置概念である実体法とは意味が違うことに注意。

（※2）**SDGs**（持続可能な開発目標：Sustainable Development Goals）

2001年に策定されたミレニアム開発目標（MDGs）※の後継として，とりわけ2015年の国連総会で採択された「持続可能な開発のための2030アジェンダ」に記載された2016年から2030年までの国際目標。

「誰一人取り残さない」（leave no one behind）持続可能で多様性と包摂性のある社会の実現のため，2030年を年限とする17の国際目標と，その下に169のターゲット，232の指標が決められている。特徴として，「普遍性（先進国を含め，全ての国が行動）」，「包摂性（人間の安全保障の理念を反映し「誰一人取り残さない」）」，「参画性（全てのステークホルダーが役割を）」，「統合性（社会・経済・環境に統合的に取り組む）」，「透明性（定期的にフォローアップ）」があげられている。

SDGsは，先進国自身が取り組むユニバーサル（普遍的）なものであり，日本としても積極的に取り組んでいる。

> ※ MDGs（ミレニアム開発目標：Millennium Development Goals）は，極度の貧困と飢餓の撲滅など，2015年までに達成すべき8つの目標を掲げ，達成期限となる2015年までに一定の成果をあげた。その内容は後継となる「持続可能な開発のための2030アジェンダ（2030アジェンダ）」に引き継がれている。
>
> （「外務省ホームページ SDGsとは」）https://www.mofa.go.jp/mofaj/gaiko/oda/sdgs/about/index.htmlを加工し作成

（※3）ジェンダー（Gender）

「社会的・文化的に形成された性別」のこと。人間には生まれついての生物学的性別（セックス／sex）がある。

一方で，社会通念や慣習の中には，社会によって作り上げられた「男性像」,「女性像」があり，このような男性，女性の別を「社会的・文化的に形成された性別」（ジェンダー／gender）という。

「社会的・文化的に形成された性別」は，それ自体に良い，悪いの価値を含むものではなく，国際的にも使われている。

（「内閣府HP　男女共同参画局用語集」）https://www.gender.go.jp/about_danjo/glossary/index.htmlを加工し作成

（※4）WEPs（女性のエンパワーメント原則：Women's Empowerment Principles）

2010年3月に，国連と企業の自主的な盟約の枠組みである国連グローバル・コンパクト（UNGC）と国連婦人開発基金（UNIFEM）（現UN Women）が共同で作成した7原則。

企業がジェンダー平等と女性のエンパワーメントを経営の核に位置づけて自主的に取り組むことで，企業活動の活力と成長の促進を目指して，女性の経済的エンパワーメントを推進する国際的な原則として活用されることが期待されている。

【女性のエンパワーメント原則（WEPs）】
1．トップのリーダーシップによるジェンダー平等の促進
2．機会の均等，インクルージョン，差別の撤廃
3．健康，安全，暴力の撤廃
4．教育と研修
5．事業開発，サプライチェーン，マーケティング活動
6．地域におけるリーダーシップと参画

7．透明性，成果の測定，報告

（「内閣府HP　男女共同参画局　女性のエンパワーメント原則（WEPs）」）
http://www.gender.go.jp/international/int_un_kaigi/int_weps/index.
htmlを加工し作成

（※5）サプライチェーン（Supply Chain）

企業に対して製品またはサービスを提供または受け取る一連の活動
または関係者を意味する。

価値を提供する関係者には，資機材などの供給業者，受託労働者，
請負業者，その他が含まれ，また価値を受け取る関係者には，顧客，
消費者，取引先，会員，その他使用者が含まれる。

（※6）ラグマーク運動

絨毯制作に児童が使われることを防ぐ市民運動で，それを推進する
NGOが認証した事業所制作の絨毯の裏には児童労働がないことを証
明するラグマークがつけられる。

（※7）ILO条約とILO勧告からなる国際労働基準

（International Labour Standards）

条約と勧告は，狭義の国際労働基準を構成する。なお，条約には議
定書が付属しているものがある。

国際労働基準の取り扱う分野は広範囲にわたり，結社の自由，強制
労働の禁止，児童労働の撤廃，雇用・職業の差別待遇の排除といっ
た基本的人権に関するものから，三者協議，労働行政，雇用促進と
職業訓練，労働条件，労働安全衛生，社会保障，移民労働者や船員
などの特定カテゴリーの労働者の保護など，労働に関連するあらゆ

る分野に及ぶ。

（参考「ILO HP」）https://www.ilo.org/tokyo/standards/lang--ja/index.htm

（※8）ILO（国際労働機関：International Labour Organization）

労働条件の改善を通じて，社会正義を基礎とする世界の恒久平和の確立に寄与すること，完全雇用，社会対話，社会保障等の推進を目的とする国際機関（本部はスイス・ジュネーブ）として唯一の政，労，使の三者構成機関。

（「厚生労働省HP　日本とILO ILOの概要」）https://www.mhlw.go.jp/stf/seisakunitsuite/bunya/hokabunya/kokusai/ilo/index.htmlを加工し作成

（※9）OECD（経済協力開発機構：Organisation for Economic Co-operation and Development）

1948年，米国による戦後の欧州復興支援策であるマーシャル・プランの受入れ体制を整備するため，欧州経済協力機構（OEEC）がパリに設立されました。その後，欧州経済の復興に伴い，欧州と北米が対等のパートナーとして自由主義経済の発展のために協力を行う機構としてOEECは発展的に解組され，1961年に経済協力開発機構（OECD）が設立された。

（「外務省HP　国際的ルール作りと政策協調の推進　経済協力開発機構（OECD）」）https://www.mofa.go.jp/mofaj/gaiko/page2_000009.htmlを加工し作成

（※10）ソフトロー（soft law）

紳士協定や努力義務など，裁判で直接援用することができない規範的な命題。

生成過程の法という意味も含まれ，ある段階で法そのものに転換する素地がある場合もある。

（※11）国際人権規約（International Covenants on Human Rights）
　　　世界人権宣言の内容を基礎として，これを条約化したものであり，人権諸条約の中で最も基本的かつ包括的なもの。
　　　社会権規約（経済的，社会的及び文化的権利に関する国際規約）と自由権規約（市民的及び政治的権利に関する国際規約）は，1966年の第21回国連総会において採択され，1976年に発効した。
　　　日本は1979年に批准した。なお，社会権規約を国際人権Ａ規約，自由権規約を国際人権Ｂ規約と呼ぶこともある。
　　　（「外務省HP　人権外交　国際人権規約」）https://www.mofa.go.jp/mofaj/gaiko/kiyaku/index.htmlを加工し作成

（※12）世界人権宣言（Universal Declaration of Human Rights 略称：UDHR）
　　　1948年12月10日に第３回国連総会において採択され，人権および自由を尊重し確保するために，「すべての人民とすべての国とが達成すべき共通の基準」を宣言したものであり，人権の歴史において重要な地位を占めている。
　　　なお，1950年の第５回国連総会において，毎年12月10日を「人権デー」として，世界中で記念行事を行うことが決議された。
　　　世界人権宣言は，前文及び本文30条からなり，その中ですべての人間の自由と平等，刑事手続上の権利，表現の自由，社会保障を受ける権利などを宣言している。その一部は慣習国際法になっているとも言われている。
　　　（「外務省HP　人権・人道世界人権宣言」）https://www.mofa.go.jp/mofaj/

gaiko/udhr/を加工し作成

（※13）多国籍企業及び社会政策に関する原則の三者宣言

多国籍企業宣言は，社会政策と包摂的で責任ある持続可能なビジネス慣行に関して，企業（多国籍企業及び国内企業）に直接の指針を示したILOの唯一の文書。

この宣言は，世界中の政府，使用者，労働者が入念に議論して採択した，この分野における唯一の国際的文書。

40年前の最初の採択から数回の改定を経て，2017年3月に最新の改定が行われた。

その原則は，多国籍及び国内企業，本国と受入国の政府，労使団体に，雇用，訓練，労働・生活条件，労使関係，一般方針の諸分野にわたる指針を示している。そして，この指針は国際労働基準に定められた原則に深く根ざしている。

（参考「ILO国際労働機関HP」）https://www.ilo.org/tokyo/helpdesk/WCMS_676219/lang--ja/index.htm

（※14）多国籍企業ガイドライン

（OECD Guidelines for Multinational Enterprises）

⑴　1976年，OECDが採択した「国際投資及び多国籍企業に関する宣言」※は，外国直接投資に対して加盟国が開放政策をとることを支援すると同時に，多国籍企業が事業を展開する国に調和した活動を行うよう訴えかけるものであり，その国際協力のための4つの文書が内包されている。その1つが「多国籍企業ガイドライン（多国籍企業行動指針）（以下「行動指針」）」である。「行動指針」は，世界経済の発展や企業行動の変化などの実情に合わせ，

これまで5回（1979年，1984年，1991年，2000年，2011年）改訂されている。現在，「行動指針」には，OECD加盟国の他，アルゼンチン，ブラジル，コロンビア，コスタリカ，エジプト，ヨルダン，モロッコ，ペルー，ルーマニア，チュニジア，ウクライナ，カザフスタンが参加している。

(2) 「行動指針」には，法的な拘束力はないが，一般方針，情報開示，人権，雇用及び労使関係，環境，贈賄・贈賄要求・金品の強要の防止，消費者利益，科学及び技術，競争，納税等，幅広い分野における責任ある企業行動に関する原則と基準を定めている。

(3) 直近の2011年の改訂では，企業には人権を尊重する責任があるという内容の人権に関する章の新設や，リスク管理の一環として，企業は自企業が引き起こす／一因となる実際の／潜在的な悪影響を特定し，防止し，緩和するため，リスクに基づいたデューディリジェンスを実施すべき等の規定が新たに盛り込まれた。

※「国際投資及び多国籍企業に関する宣言」は，「多国籍企業ガイドライン」の他に，「内国民待遇」（自国領土内で事業を行う外国企業に対し国内企業より不利な扱いをしないことの約束），「相反する要求」（多国籍企業に対する各国政府からの要求が相反しないよう，あるいはそれを最小限に抑えることの約束），「国際投資促進策および抑制策」（国際直接投資に影響を及ぼす措置について協力することの約束）に関する文書によって構成されている。

（「外務省HP　企業の社会的責任（CSR）　OECD多国籍企業行動指針」）
https://www.mofa.go.jp/mofaj/gaiko/csr/housin.htmlを加工し作成

（※15）国連グローバル・コンパクト

(United Nations Global Compact　略称：UNGC)

国連グローバル・コンパクトは，各企業・団体が責任ある創造的なリーダーシップを発揮することによって，社会の良き一員として行

動し，持続可能な成長を実現するための世界的な枠組み作りに参加
する自発的な取り組み。

UNGCに署名する企業・団体は，人権の保護，不当な労働の排除，
環境への対応，そして腐敗の防止に関わる10の原則に賛同する企業
トップ自らのコミットメントの下に，その実現に向けて努力を継続
している。

＊全国社会保険労務士会連合会も2018年に参加している。
(参考「グローバル・コンパクト・ネットワーク・ジャパンHP」)
http://www.ungcjn.org/

（※16）デューディリジェンス

元々の意味は，適正評価手続のことで，投資やM&Aなどの取引に
際して，投資対象となる企業の価値・収益力・リスクなどを総合的
かつ詳細に調査することであったが，今日，特に人権との関わりで
語られる場合は，企業活動における人権配慮義務のことを指す。

（※17）ハードロー（hard law）

ソフトローの対置概念として使われ，法的効力を完全に持つもの。
裁判で援用可能な法規範。

（※18）LGBTIQ

LGBTは，「L：Lesbian（レズビアン，女性同性愛者)」,「G：Gay
（ゲイ，男性同性愛者)」,「B：Bisexual（バイセクシュアル，両性
愛者)」,「T：Transgender（トランスジェンダー，性別越境者)」
の頭文字をとった単語で，セクシュアル・マイノリティ（性的少数
者）の総称の１つ。

近年，セクシュアリティに対する考え方や認識が深まり，LGBTの
枠に当てはまらない人を指す言葉もある。
「Ｑ：Questioning（クエスチョニング）」※……自己の性別が不明，
意図的に決めていない，自己の性を模索する人
※「Ｑ」は，広く性的少数者を指す「Quee（クイア）」とする，との考え
方もある。
「Ｉ：Intersex（インターセックス）」……生まれつき男女両方の身体的
特徴を持つ人，これらを総じて「LGBTIQ」と表現する。

（※19）ビジネスと人権に関する指導原則
（Guiding Principles on Business and Human Rights）
2011年３月の国連人権理事会において，人権と多国籍企業及びその
他の企業の問題に関する事務総長特別代表（ハーバード大学教授
ジョン・ラギー）の報告をもとに提案された，国と企業をガイドす
る目的で策定された基本原則。
指導原則は，３本の柱（第一「第三者による人権侵害から個人を保
護する国家の義務」，第二「人権を尊重する企業の責任」，第三「実
効的な救済の手段への容易なアクセスの必要性」）で構成されている。
（本書第１章P15〜16参照，参考「国連HP」）
https://www.unic.or.jp/texts-audiovisual/resolutions-reports/hr-council/
ga-regular-session/3404/

（※20）ディーセント・ワーク（Decent work）
「働きがいのある人間らしい仕事」と訳される。2008年の第97回ILO
総会において採択された「公正なグローバル化のための社会正義に
関するILO宣言」の中で，ディーセント・ワーク実現のための４つ
の戦略目標が掲げられ，ディーセント・ワークの実現に向けた取組

みは，これらに基づくものとされている。

【ディーセント・ワーク実現のための4つの戦略目標】
1. 仕事の創出：必要な技能を身につけ，働いて生計が立てられるように，国や企業が仕事を作り出すことを支援
2. 社会的保護の拡充：安全で健康的に働ける職場を確保し，生産性も向上するような環境の整備。社会保障の充実。
3. 社会対話の推進：職場での問題や紛争を平和的に解決できるように，政・労・使の話し合いの促進。
4. 仕事における権利の保障：不利な立場に置かれて働く人々をなくすため，労働者の権利の保障，尊重
（参考「ILO HP」）https://www.ilo.org/tokyo/about-ilo/decent-work/lang-ja/index.htm

（参考）プロボノ（Probono）
様々な分野の専門家が，職業上持っている専門的な知識やスキルを活かして社会貢献するボランティア活動。

（※21）GRI（グローバル・レポーティング・イニシアチブ：Global Reporting Initiative）
GRIは，1997年にボストンで設立された国際組織で，サステナビリティ（社会の持続可能）に関する国際基準の策定を使命とする非営利団体。UNEP（国連環境計画）の公認団体として，国際基準「サステナビリティ・レポーティング・ガイドライン」を策定する取組みを行っている。
同ガイドラインは「サステナビリティ（社会の持続可能性）」という抽象的な概念を具体的な指標として可視化したものである。
「GRIスタンダード」とは，組織が経済，環境，社会に与えるインパ

クトを一般に報告する際の，グローバルレベルにおけるベストプラ
クティスを提示するための規準である。これにより作成された「サ
ステナビリティ報告書」では，組織が持続可能な発展に対して与え
る，プラス及びマイナスの寄与に関する情報が提供される。

(参考「GRI STANDARDS DOWNLOAD CENTER－日本語版 (JAPANESE
TRANSLATIONS)

https://www.globalreporting.org/standards/gri-standards-translations/
gri-standards-japanese-translations-download-center/

【執筆者紹介】

第1章／吾郷眞一（立命館大学衣笠総合研究機構教授）

第2章／熊谷謙一（日本ILO協議会 企画委員）

第3章／鈴木均（一般財団法人日本民間公益活動連携機構 事務局長）

好事例集／植田健一（社会保険労務士）

　　　　　小野佳彦（社会保険労務士）

　　　　　菊地加奈子（社会保険労務士）

　　　　　後藤昭文（社会保険労務士）

　　　　　藤木美能里（社会保険労務士）

全国社会保険労務士会連合会　社会保険労務士総合研究機構
Japan Federation of Labor and Social Security Attorney's Associations.
〒103-8346　東京都中央区日本橋本石町3-2-12　社会保険労務士会館
　　　　　TEL：03-6225-4864　FAX：03-6225-4865

労働CSRガイドブック
働き方改革と企業価値の創造

2022年6月20日　第1版第1刷発行

監　修　全国社会保険労務士会連合会
編　者　社会保険労務士総合研究機構
発行者　山　本　　　継
発行所　㈱中央経済社
発売元　㈱中央経済グループ
　　　　パブリッシング
〒101-0051　東京都千代田区神田神保町1-31-2
電話　03 (3293) 3371 (編集代表)
　　　03 (3293) 3381 (営業代表)
https://www.chuokeizai.co.jp
印刷／三　英　印　刷　㈱
製本／㈲井上製本所

© 2022
Printed in Japan

現場の実務がわかる！

労働基準法の実務相談

―毎年好評発売―

全国社会保険労務士会連合会【編】
A5判・ソフトカバー

　労働基準法は企業が人事労務管理を円滑に遂行する上でも重要な法令であり、その内容も採用・退職、賃金、労働時間、休日・休暇など複雑多岐にわたっています。また、労働契約についての民事的なルールをまとめた労働契約法や改正パートタイム労働法も施行され、実務者にとって、変化の厳しい時代のニーズに即した法令の理解と適用が、ますます重要になっています。

　本書は、これらの実務上取扱いをマスターするために、一般的ケースや特異なケースの具体例をあげて平易に解説した実践指導書です。

毎年4月1日現在の最新法令に基づく解説
実務直結! ケース・スタディの決定版!

第1編　労働基準法・安衛法
第2編　労働契約法・パート有期雇用労働法・高年齢者雇用安定法
第3編　育児・介護休業法
第4編　男女雇用機会均等法
第5編　労働施策総合推進法
第6編　労働者派遣法
第7編　労働組合法

中央経済社

社会保険の実務相談

—毎年好評発売—

全国社会保険労務士会連合会【編】
A5 判・ソフトカバー

　社会保険制度の内容の充実とともに、その仕組みは複雑多岐にわたり、法令を十分に理解し、具体的事例の実務上の取扱いをマスターすることは容易ではなくなってきています。

　本書は、これらの観点をふまえて、社会保険に関する一般的なケース、問題のある特異なケースの具体的事例を設定し、簡便でわかりやすく、実務にすぐ活用できるよう解説した平易な実践指導書です。

毎年４月１日現在の最新法令に基づく解説
実務直結！ ケース・スタディの決定版!

第１編　健康保険法（一般被保険者関係）
第２編　健康保険法（日雇特例被保険者関係）
第３編　厚生年金保険法
第４編　国民年金法
第５編　高齢者の医療の確保に関する法律
第６編　介護保険法

中央経済社

現場の実務がわかる！

労働保険の実務相談

―毎年好評発売―

全国社会保険労務士会連合会【編】
A5判・ソフトカバー

　労働保険制度は、労災保険給付や失業等給付を通じて労働者の福祉の向上と増進に寄与しています。この労働保険制度を実務上正しく運用するためには、法令のみならず行政解釈の役割が大きく、この理解なくしては、実際に災害が生じた場合あるいは従業員の就職・離職時における各種相談・手続き等が適正に行えません。

　本書は、実務上生ずる具体的疑問を題材に、その考え方や取扱い方法を平易に解説しました。

毎年4月1日現在の最新法令に基づく解説
実務直結！ ケース・スタディの決定版！

第1編　労働者災害補償保険法
第2編　雇用保険法
第3編　労働保険徴収法

中央経済社